SAUVER LA PLANÈTE UNE BOUCHÉE À LA FOIS

Trucs et conseils

Catalogage avant publication de Bibliothèque et Archives nationales
du Québec et Bibliothèque et Archives Canada

Lavallée, Bernard, 1988-
Sauver la planète une bouchée à la fois
ISBN 978-2-89705-330-7
1. Alimentation - Aspect de l'environnement.
2. Aliments équitables. I. Titre.
TX353.L38 2015   641.3   C2015-940018-X

PRÉSIDENTE — Caroline Jamet
DIRECTEUR DE L'ÉDITION ET ÉDITEUR DÉLÉGUÉ DU LIVRE — Éric Fourlanty
DIRECTRICE DE LA COMMERCIALISATION — Sandrine Donkers
RESPONSABLE GESTION DE LA PRODUCTION — Carla Menza
COMMUNICATIONS — Marie-Pierre Hamel

CONCEPTION GRAPHIQUE ET ILLUSTRATIONS — Simon L'Archevêque
PHOTOGRAPHIES — Katya Konioukhova
RECETTES — Julie Aubé
RÉVISION LINGUISTIQUE — Élise Tétreault
CORRECTION D'ÉPREUVES — Christine Dumazet

L'éditeur bénéficie du soutien de la Société de développement des entreprises culturelles du Québec (SODEC) pour son programme d'édition et pour ses activités de promotion.

L'éditeur remercie le gouvernement du Québec de l'aide financière accordée à l'édition de cet ouvrage par l'entremise du Programme de crédit d'impôt pour l'édition de livres, administré par la SODEC.

Nous reconnaissons l'aide financière du gouvernement du Canada par l'entremise du Fonds du livre du Canada (FLC).

© Les Éditions La Presse
TOUS DROITS RÉSERVÉS
Dépôt légal — 1er trimestre 2015
ISBN 978-2-89705-330-7
Imprimé et relié au Canada
Réimpression : novembre 2016

LES ÉDITIONS **LA PRESSE**
Les Éditions La Presse
750, boulevard Saint-Laurent
Montréal (Québec)
H2Y 2Z4

BERNARD LAVALLÉE
LE NUTRITIONNISTE URBAIN

SAUVER LA PLANÈTE UNE BOUCHÉE À LA FOIS

Trucs et conseils

LES ÉDITIONS **LA PRESSE**

À **Téta**,
la reine de la cuisine

—

À **Gueddo**,
le jardinier-professeur

Table des matières

Avant-propos — page 10

Introduction — page 12

Manger local — page 17

Manger bio — page 32

Manger moins de viande — page 54

Choisir la pêche durable — page 71

Manger moins transformé
page 89

Produire moins de déchets
page 100

Mieux planifier les repas
page 125

Mieux conserver les aliments
page 129

Cuisiner les aliments fatigués
page 154

Cuisiner des parties d'aliments négligées
page 162

Produire sa nourriture
page 177

Manger « sauvage »
page 209

Conclusion
page 218

Ressources
page 224

Avant-propos

« Oh, tu écris un livre ?
— Oui !
— C'est quoi le sujet, si ce n'est pas trop indiscret ?
— Ah… Je garde le secret pour le moment.
— D'accord, mais bon, on se doute que ça va être sur la nutrition !
— En fait… Non.
— Hein ? »

Cela est une conversation typique que j'ai eue avec mes amis, ma famille ou des collègues tout au long de la rédaction du livre que vous tenez entre vos mains. La question que tout le monde se posait : « Qu'est-ce qu'un nutritionniste fait à écrire un livre sur un sujet autre que la nutrition ? »

L'histoire de ce livre débute en 2011. Je venais tout juste de terminer mon baccalauréat en nutrition, mais j'étais toujours sur les bancs d'école pour poursuivre une maîtrise sur les comportements alimentaires. Je ne me sentais pas encore prêt à affronter « le vrai monde ». J'avais l'impression que j'avais encore trop de choses à apprendre.

Je ne savais pas trop ce que je voulais faire de ma vie, mais je savais au moins une chose : je n'avais pas envie d'être un nutritionniste traditionnel. Les hommes nutritionnistes sont rares, ce qui, à l'avance, fait de moi un cas particulier, mais plus que cela, je me voyais communiquer et vulgariser cette science qui me passionne pour prouver que les nutritionnistes ne font pas que parler de poids, de calories et de nutriments ! C'est d'ailleurs le but que je me suis fixé lorsque j'ai mis en ligne mon blogue, Le nutritionniste urbain (nutritionnisteurbain.ca), au début de 2014.

Un soir de procrastination de la rédaction de mon mémoire de maîtrise, je tombe sur une liste de poissons que Greenpeace recommande de ne pas consommer. Les méthodes de pêche utilisées pour ces espèces ont des conséquences désastreuses pour leur survie et plusieurs sont en voie d'extinction. Je «*tweete*» la nouvelle et je reçois un message d'Élise Desaulniers, auteure de *Je mange avec ma tête*. Elle m'apprend que c'est le genre d'information qui se trouve dans son livre qui porte sur les conséquences de nos choix alimentaires. Intrigué, je le commande.

Cet essai est une claque que je reçois directement au visage. Réchauffement climatique, gaspillage alimentaire, perte de la biodiversité, destruction d'écosystèmes, pollution... Les choix alimentaires que nous effectuons chaque jour ont un impact direct sur le monde que nous habitons. Comment se fait-il que ces sujets n'aient pratiquement jamais été abordés pendant mon baccalauréat en nutrition ? Ne sommes-nous pas censés, en tant que nutritionnistes, être les spécialistes de l'alimentation ? Comment l'être si on ne se questionne même pas sur les façons dont les aliments sont produits, cueillis, pêchés, transformés et transportés ?

Depuis cette lecture, ma bibliothèque s'est rapidement garnie d'ouvrages portant sur des sujets similaires. Vous trouverez d'ailleurs, à la fin du livre, une liste de ressources si vous désirez creuser le sujet davantage.

Sans le savoir, je venais de trouver le sujet qui allait m'occuper longtemps !

Introduction

Je ne suis pas le seul ni le premier à m'être intéressé à l'alimentation durable. En fait, le terme « alimentation durable » a été créé par Joan Dye Gussow et Katherine Clancy, deux professeures de nutrition américaines. En 1986, elles ont publié, dans un journal scientifique, un article incitant les nutritionnistes à élargir leur champ d'action afin d'inclure la santé de l'environnement dans leurs recommandations.

La publication était probablement trop avant-gardiste puisque peu a été fait en matière de recommandations alimentaires et d'environnement au sein de la profession dans la décennie suivante (et jusqu'à maintenant, à mon avis). En 1999, Katherine Clancy écrivait d'ailleurs que les nutritionnistes qui incluaient le concept d'alimentation durable dans leur enseignement représentaient l'exception plutôt que la règle.

Qu'est-ce qu'une alimentation durable exactement ? Selon l'Organisation des Nations Unies pour l'alimentation et l'agriculture (FAO), les régimes alimentaires durables sont :

> « Des régimes alimentaires ayant de faibles conséquences sur l'environnement, qui contribuent à la sécurité alimentaire et nutritionnelle ainsi qu'à une vie saine pour les générations présentes et futures. Les régimes alimentaires durables contribuent à protéger et à respecter la biodiversité et les écosystèmes, sont culturellement acceptables, économiquement équitables et accessibles, abordables, nutritionnellement sûrs et sains, et permettent d'optimiser les ressources naturelles et humaines. »

Derrière cette longue définition se cache un message assez simple : une alimentation durable allie la santé de tous les humains à la santé de la planète. Le terme « durable » implique que cette façon de s'alimenter doit pouvoir s'effectuer à très longue échelle, ce que le système agroalimentaire actuel ne peut promettre.

Lorsque les gouvernements et organismes de santé publique émettent des recommandations alimentaires, c'est dans le but d'améliorer la santé de la population. Rares sont ceux qui tiennent compte de l'impact environnemental des aliments.

La situation doit changer.

Le système agroalimentaire actuel ne fait pas rimer santé humaine et santé environnementale

D'ici 2050, nous serons 2,4 milliards d'humains de plus sur la Terre, ce qui signifie 9,6 milliards de bouches à nourrir. Pour répondre à la demande croissante, la FAO estime qu'il faudra augmenter la production alimentaire de 60 %. Serons-nous capables de répondre à cette demande croissante ? Peut-être, mais il faut que plusieurs choses changent d'abord, si nous ne voulons pas que cette production supplémentaire se fasse encore au détriment de la santé de la Terre. L'argent ne pousse pas dans les arbres, et il ne se mange pas non plus. Lorsque toutes les ressources naturelles auront été exploitées, que mangeront les générations futures ?

INTRODUCTION

Le système agroalimentaire actuel est tout sauf durable et il est totalement inefficient d'un point de vue énergétique. On dépense plus d'énergie pour produire, transformer et transporter les aliments qu'ils n'en contiennent eux-mêmes. Ce système est dépendant des énergies fossiles, des réserves d'énergie non renouvelables qui se sont créées sur des millions d'années et dont on ne disposera pas *ad vitam æternam*.

C'est sans compter les nombreuses conséquences environnementales qui résultent des pratiques agricoles actuelles : dégradation des sols, destruction d'écosystèmes, diminution de la biodiversité et utilisation excessive et pollution de l'eau. À cela s'ajoute l'émission de gaz à effet de serre qui réchauffent notre planète à une vitesse inattendue.

Et alors qu'on utilise à outrance les ressources naturelles mondiales dans le but de nous nourrir, entre 30 % et 50 % des aliments produits sont gaspillés, ce qui ajoute une pression supplémentaire sur le système agroalimentaire.

Mais voilà : savoir que les choses ne sont pas aussi roses qu'on le croyait n'est souvent pas suffisant pour nous inciter à modifier notre comportement. En tant que nutritionniste, je le sais très bien. Sinon, tout le monde mangerait suffisamment de fruits et de légumes chaque jour !

Il n'est pas toujours facile de savoir quoi faire pour améliorer une situation, surtout quand on n'a pas les bons outils. C'est justement ce que je tente de faire avec cet ouvrage. J'avais envie d'offrir des idées et des conseils pratiques pour la vie de tous les jours, certains très simples qui tiennent en quelques phrases, d'autres qui demandent plus d'implication, et d'autres qui portent la réflexion encore plus loin.

Chacune des sections s'amorce par le portrait sommaire de certaines problématiques environnementales liées à l'alimentation, puis offre des trucs terre à terre pour essayer d'y remédier, une bouchée à la fois.

Est-ce que je suis toujours tous les conseils et utilise tous les trucs qui y sont rédigés ? Non, mais je fais du mieux que je peux. Et c'est correct comme cela. Le but du livre n'est pas de vous faire culpabiliser parce que vous avez jeté une carotte dans la poubelle ou parce que vous avez mangé du saumon de l'Atlantique (quoique vous devriez essayer d'éviter ces deux comportements !). Chacun peut prendre certains trucs et en délaisser d'autres, selon ce qui se prête le mieux à son mode de vie. Comme le dit Laure Waridel, cofondatrice d'Équiterre, dans son livre *L'Envers de l'assiette*, nous avons le pouvoir de voter avec notre fourchette trois fois par jour en décidant de ce qu'on mange. Il s'agit d'une opportunité à ne pas prendre à la légère !

Je peux vous garantir une chose : tous les trucs présentés dans cet ouvrage allient la santé humaine (même si j'en parle peu) à la santé de l'environnement, sans jamais laisser tomber le plaisir. Ce sont, pour moi, trois dimensions indissociables de la saine alimentation. Et plus vous en inclurez dans votre vie, mieux vous vous porterez.

Manger local

Grâce à la mondialisation et à l'avancement des technologies, il est tout à fait normal de trouver des aliments frais provenant de partout dans le monde au supermarché du coin. Je suis né avec cette abondante variété et j'y ai été habitué dès mon enfance. Qu'on soit en plein mois de décembre ou en juillet, je sais avec certitude que je peux trouver des bananes, des ananas ou des framboises assez facilement.

Le kilométrage alimentaire est une mesure utilisée pour évaluer la distance que parcourent les aliments avant d'atterrir dans votre assiette. Au Québec, les fruits et les légumes consommés parcourent, en moyenne, de 3500 km à 5000 km.

C'est en 2005 que le mouvement locavore a vu le jour à San Francisco, en Californie. Un groupe de femmes a décidé de mettre au défi les habitants de la Bay Area de ne consommer que des aliments qui provenaient de moins de 100 miles (160 km) de San Francisco pendant un mois. Le mouvement a rapidement pris de l'ampleur et, en 2007, le mot locavore faisait son apparition dans le New Oxford American Dictionary.

Évidemment, plus les aliments viennent de loin, plus leur transport demande de carburant, ce qui contribue à émettre des gaz à effet de serre (GES) comme le CO_2. J'aborde plus en détail l'effet de ces gaz dans la section «Manger moins de viande».

Chacun a sa propre définition de ce que veut dire «manger local». Selon moi, dès qu'on fait un effort pour réduire la distance parcourue par nos aliments pour arriver dans notre assiette, nous participons à ce mouvement.

Il est très difficile de manger 100% local au Québec et, d'un point de vue environnemental, cet effort serait probablement vain. En effet, une étude canadienne a démontré qu'une tomate produite dans une serre chauffée au Canada émet sept fois plus de gaz à effet de serre qu'une tomate produite dans un champ au Mexique, même en tenant compte du transport. Donc, l'hiver, se tourner vers des produits biologiques qui viennent de loin pourrait parfois être une meilleure solution. Évidemment, de nouvelles technologies pour chauffer les serres ne cessent d'être inventées, ce qui pourrait changer la donne dans les prochaines années.

DES ALIMENTS QUI VOYAGENT

QUÉBEC

CALIFORNIE — 5000 KM
- FRAISE
- AMANDE

FLORIDE — 2500 KM
- TOMATE
- ORANGE
- LAITUE

MEXIQUE — 3500 KM
- LIME
- AVOCAT

COSTA RICA — 4000 KM
- BANANE
- ANANAS

ARGENTINE — 9250 KM
- POIRE

CHILI — 9500 KM
- FRAMBOISE
- BLEUET
- POMME

Manger des aliments locaux de saison, lorsque c'est possible, reste probablement la meilleure option.

Manger local n'est pas la seule solution pour diminuer l'émission de gaz à effet de serre, car le transport ne représente que 11 % des émissions de GES liées aux aliments. En effet, c'est la production et la transformation des aliments qui sont responsables de la plus grosse proportion de ces émissions, tel que vous le verrez dans les sections « Manger bio » et « Manger moins de viande ». Malgré tout, au Québec, beaucoup d'aliments locaux peuvent être consommés toute l'année, sans que cela ait un impact environnemental important. En prime, vous encouragez l'économie locale et vous profitez d'aliments frais et de bonne qualité ! Aucune raison de s'en priver !

Acheter des aliments du Québec

Comme vous le savez maintenant, acheter des aliments du Québec de saison permet de diminuer l'émission de gaz à effet de serre liés au transport. Avez-vous déjà fait l'exercice d'évaluer quels aliments de votre panier d'épicerie provenaient du Québec ?

Quand on compte les aliments transformés au Québec, on estime que 53 % des aliments achetés sont issus d'ici. Cela peut sembler beaucoup, mais ce pourcentage inclut des aliments comme des légumes congelés qui ont poussé au Chili, mais ont été emballés au Québec, ou du jus d'oranges de la Floride, mis en carton ici.

En réalité, seulement le tiers des aliments qui composent le panier d'épicerie des Québécois provient de fermes québécoises.

Pour repérer facilement des aliments produits ici, sachez reconnaître le logo « Aliments du Québec ».

Pour pouvoir apposer le logo « Aliments du Québec » sur un produit, il faut que ce dernier soit composé au minimum de 85 % d'aliments provenant du Québec. On ne trouve pas que des aliments transformés portant le logo. Par exemple, les petits fruits frais, comme les fraises, les framboises ou les bleuets, peuvent afficher ce logo sur leur emballage.

Le logo « Aliments préparés au Québec » peut être apposé sur des produits transformés et emballés au Québec, même si les aliments viennent de l'extérieur. Il est donc plus difficile à justifier d'un point de vue environnemental, mais il permet néanmoins d'encourager l'économie locale.

D'ailleurs, selon des données du ministère de l'Agriculture, des Pêcheries et de l'Alimentation du Québec (MAPAQ), si chaque Québécois remplaçait annuellement 30 dollars d'aliments provenant de pays étrangers par des aliments provenant du Québec, la province récolterait un milliard de dollars en cinq ans. Toujours selon le MAPAQ, chaque point de pourcentage supplémentaire dans les ventes d'aliments québécois permettrait de créer 1800 emplois directs et indirects.

Acheter dans un marché public

Il y a peu de moments dans la vie qui me font autant plaisir que celui où je vais au marché pour la première fois de l'année, en général au début du mois de mai. Voir les étals pleins d'aliments frais, les agriculteurs souriants qui nous invitent à goûter à leurs produits, les oiseaux qui gazouillent, le ciel bleu sans un seul nuage, le soleil qui chauffe enfin… Bon, je m'emporte peut-être un peu, mais je suis toujours très heureux de visiter les marchés publics. L'expérience est très différente de celle qu'on peut vivre dans les allées impersonnelles d'un supermarché.

Si on désire diminuer l'émission de gaz à effet de serre liés au transport, réduire la chaîne d'intermédiaires entre l'agriculteur et le consommateur est un bon point de départ. Au marché, les aliments sont en majorité de saison et locaux. Ils sont donc frais et ont considérablement moins voyagé que la plupart de ceux qu'on retrouve dans les supermarchés. Attention toutefois, car certains kiosques bonifient leur offre alimentaire de produits importés. N'hésitez pas à poser des questions aux agriculteurs. Il s'agit certainement d'une des meilleures façons de savoir comment les aliments qu'on achète ont été cultivés. Ce sont eux qui connaissent le mieux leurs produits.

Je demande presque toujours comment préparer tel fruit ou tel légume, surtout quand c'est la première fois que j'en achète. Les commerçants sont souvent prêts à partager leurs recettes préférées. C'est également une bonne façon d'éviter de gaspiller nos achats parce qu'on manque d'inspiration ou de connaissances de ces produits !

Vous avez envie de tenter l'expérience ? Vous pouvez consulter le répertoire de l'Association des marchés publics du Québec. Il en existe certainement un dans votre région.

Acheter des produits de saison

Comme je viens de l'expliquer, pour vraiment tirer des bénéfices environnementaux des achats locaux, il faut suivre les saisons. C'est également un bon moyen d'avoir accès à des aliments frais qui n'ont pas trop voyagé et qui ne coûtent pas cher. Au Québec, les premières récoltes sont prêtes, selon la météo, en avril ou en mai.

J'ai souvent de la difficulté à me retenir au marché quand les premiers fruits et légumes arrivent, et j'ai tendance à en acheter plus que nécessaire. Avec le temps, j'ai appris plusieurs recettes qui me permettent d'écouler cette grande quantité de végétaux, de profiter au maximum de la saison des récoltes et même d'en conserver pendant toute l'année en les congelant ou en les mettant en conserve.

CALENDRIER DES PRODUITS DE SAISON

Produit	JA	FÉ	MR	AV	MA	JN	JL	AO	SE	OC	NO	DÉ
Ail								●	●	●	●	
Asperge					●	●						
Aubergine								●	●	●		
Bette à carde							●	●	●	●		
Betterave	●	●	●	●				●	●	●	●	●
Bleuet							●	●	●			
Brocoli						●	●	●	●	●	●	
Canneberge									●	●	●	
Cantaloup								●	●			
Carotte	●	●	●	●	●	●	●	●	●	●	●	●
Céleri							●	●	●	●		
Céleri-rave	●	●	●					●	●	●	●	●
Cerise						●	●					
Cerise de terre							●	●	●			
Champignon	●	●	●	●	●	●	●	●	●	●	●	●
Chou chinois et nappa							●	●	●	●	●	
Chou de Bruxelles								●	●	●	●	
Chou-fleur							●	●	●	●	●	
Citrouille									●	●		
Concombre							●	●	●	●		
Courge			●	●				●	●	●	●	●
Endive	●	●	●	●	●					●	●	●

	JA	FÉ	MR	AV	MA	JN	JL	AO	SE	OC	NO	DÉ
Épinard					●	●	●	●	●	●	●	
Fenouil						●	●	●	●			
Fraise						●	●	●				
Framboise							●	●	●			
Haricot							●	●	●			
Laitue						●	●	●	●	●		
Maïs sucré							●	●	●	●		
Melon								●	●	●		
Oignon	●	●	●	●	●	●	●	●	●	●	●	●
Panais	●	●									●	●
Pêche							●	●	●			
Poire	●	●	●	●	●			●	●	●	●	●
Poireau	●	●	●	●	●			●	●	●	●	●
Poivron							●	●	●	●		
Pomme	●	●	●	●	●			●	●	●	●	●
Pomme de terre	●	●	●	●	●	●	●	●	●	●	●	●
Prune							●	●	●	●		
Radis						●	●	●	●			
Raisin							●	●	●	●		
Rhubarbe						●	●					
Rutabaga	●	●	●	●	●	●	●	●	●	●	●	●
Tomate							●	●	●	●		

D'ailleurs, pendant l'hiver, on n'est pas obligé de toujours se tourner vers des aliments qui viennent de l'étranger ou qui ont été produits dans des serres chauffées. Il est possible de trouver plusieurs fruits et légumes québécois qui se conservent bien, comme les pommes, les légumes racines, les choux et les courges.

Le calendrier qui précède vous aidera à faire vos emplettes de fruits et de légumes selon les saisons.

S'inscrire à un panier de fruits et de légumes

Une autre façon de diminuer le nombre d'intermédiaires entre la ferme et la table est de s'inscrire à un panier de fruits et de légumes.

Le principe des paniers de fruits et de légumes (qui sont souvent biologiques) est habituellement le suivant : en début de saison, vous vous engagez auprès d'un fermier à lui verser un certain montant d'argent en échange de produits cultivés dans sa ferme. C'est ce qu'on appelle l'agriculture soutenue par la communauté (ASC). À une fréquence convenue, pendant une période qui s'étend habituellement sur toute la saison de production, l'agriculteur livrera des paniers de fruits et de légumes selon la saison, la température et le rendement de l'année. De cette façon, vous lui permettez d'avoir accès à un revenu connu en début de saison, ce qui diminue son besoin de s'endetter pour préparer la saison de production.

En vous inscrivant à un panier de produits frais, vous encouragez par le fait même ce type de culture et les gens qui la pratiquent.

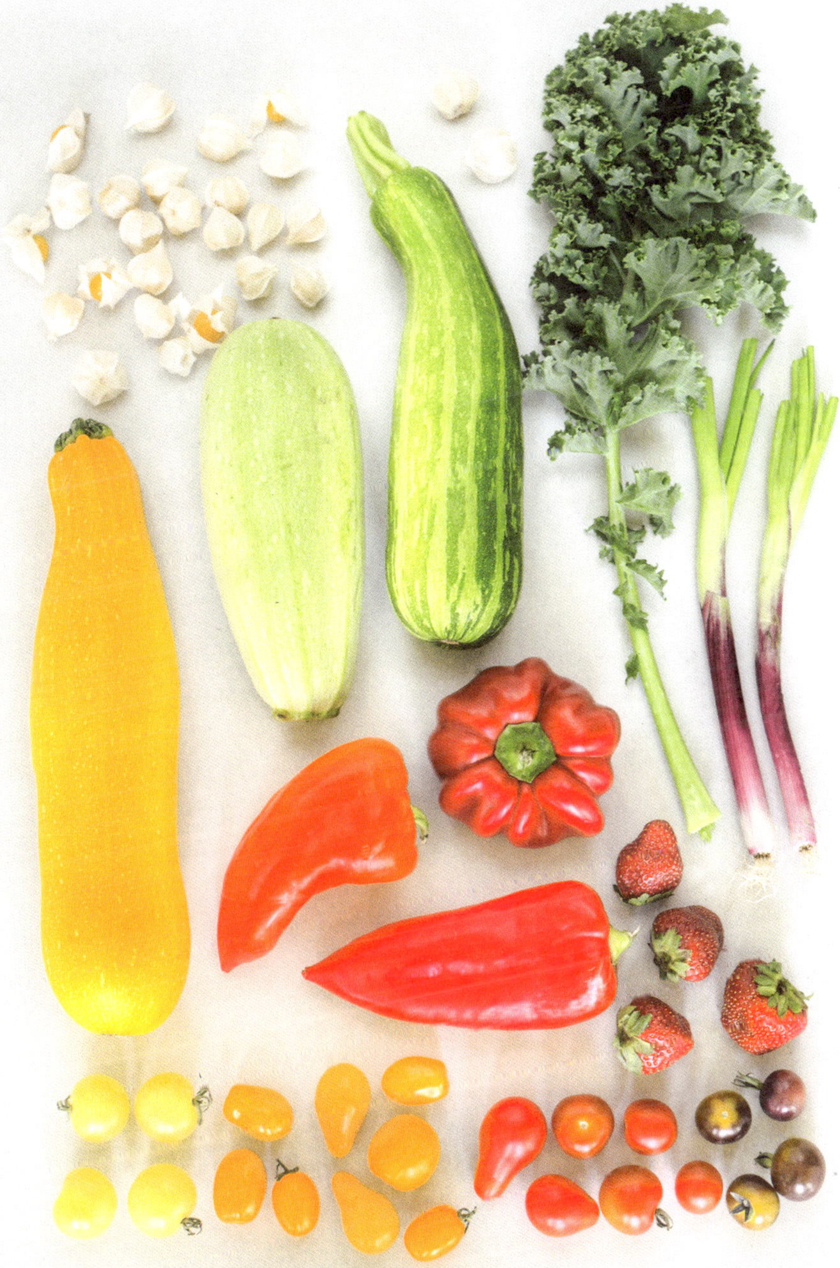

Ce que j'aime le plus des paniers de fruits et de légumes, c'est que leur contenu est habituellement une surprise. Ce qui oblige ainsi à découvrir de nouveaux fruits et légumes qu'on n'aurait pas nécessairement achetés. Une belle façon de varier notre alimentation ! De plus, certains producteurs n'hésitent pas à glisser des recettes dans le panier afin de vous aider à cuisiner le contenu.

Équiterre a mis en place un site Web pour trouver facilement les agriculteurs qui, partout dans la province, offrent des paniers biologiques près de chez vous.

Remplacer le sucre blanc par du sirop d'érable ou du miel

Plus de 90 % du sucre raffiné consommé au Canada provient de la canne à sucre et 85 % de ce sucre provient du Brésil. Ainsi, été comme hiver, le sucre que nous consommons provient de loin. Encore une fois, la récolte, la transformation et le transport de ces tonnes de cristaux sucrés ne se font pas sans l'utilisation d'énergie et la production de gaz à effet de serre. Pourtant, il est si simple de remplacer le sucre blanc par des produits québécois tels que le miel ou le sirop d'érable. En plus, ces deux produits sont beaucoup plus savoureux que le simple sucre blanc raffiné !

MIEL

Pour remplacer 250 ml (1 tasse) de sucre :
— on utilise 180 ml (¾ tasse) de miel ;
— on retire 30 ml (2 c. à soupe) de liquide de la recette ;
— on réduit la température du four de 15 °C (25 °F) ;
— et on ajoute 1 ml (¼ c. à thé) de bicarbonate de soude.

SIROP D'ÉRABLE

Pour remplacer 250 ml (1 tasse) de sucre :
— on utilise 250 ml (1 tasse) de sirop d'érable ;
— on retire 60 ml (¼ tasse) de liquide de la recette.

Pratiquer l'autocueillette

Activité familiale par excellence, l'autocueillette de fruits et de légumes permet de s'approvisionner en aliments frais et locaux. Au Québec, des fermes offrent l'autocueillette d'une panoplie de produits, dont la fraise, la framboise, le bleuet, la mûre, le cassis, la gadelle, la groseille, la pomme, la poire, la prune, les choux et même la citrouille et certaines autres variétés de courges.

Avec l'autocueillette, vous faites d'une pierre quatre coups (oui, c'est possible!) :

— Vous pratiquez une activité agréable entre amis ou en famille.
— Vous encouragez l'économie de la région.
— Vous repartez avec des produits de qualité.
— Vous réduisez l'emballage utilisé.

Évidemment, utiliser l'auto pour transporter une petite quantité d'aliments n'aide en rien à limiter l'émission de gaz à effet de serre. Alors, pourquoi ne pas faire du covoiturage et en profiter pour partager les récoltes ? Là, c'est vraiment gagnant sur tous les points!

Vous pouvez trouver les endroits où pratiquer l'autocueillette sur le site autocueillette.com ou en tapant «Autocueillette» dans le moteur de recherche du site bonjourquebec.com.

L'autocueillette et les pesticides

Comme vous le verrez dans la section suivante, les doses minimes de pesticides qu'on trouve dans les aliments ne semblent pas poser de risques pour la santé des consommateurs. Cependant, il a été prouvé que les travailleurs agricoles, qui sont exposés à des doses beaucoup plus élevées, souffrent davantage de divers problèmes de santé. Il est donc légitime de se demander s'il est sécuritaire pour nous ou pour nos enfants d'aller cueillir directement les fruits et les légumes dans les champs.

Une chose est sûre : les pesticides présents sur la surface des plants (autant les feuilles que les fruits) se déposent sur la peau lorsqu'on y touche et peuvent être absorbés de cette façon. Cependant, la quantité de pesticides est minime comparativement à celles auxquelles sont exposés les agriculteurs. Vous pouvez tout de même prendre quelques précautions pour la diminuer davantage.

Tout d'abord, vous pouvez utiliser des gants pour la cueillette, ce qui empêche le contact direct entre la peau et les plants. Ça permet aussi de garder les mains plus propres et de les protéger des petites blessures !

De plus, comme pour les fruits et les légumes achetés au supermarché, nettoyez les aliments avant de les manger, même s'ils sont biologiques. Cette pratique diminue les résidus de pesticides qui se trouvent sur la pelure des aliments, mais aussi les risques de contamination avec divers micro-organismes.

Cela dit, on ne le dira jamais assez, et les chercheurs sont d'accord là-dessus : les bénéfices associés à la consommation de fruits et de légumes dépassent largement les risques potentiels des pesticides.

Manger bio

Avant de parler d'agriculture biologique et des bienfaits qui y sont associés, regardons de plus près les enjeux liés à l'agriculture conventionnelle, le modèle le plus populaire au Québec et pratiquement partout ailleurs dans le monde.

L'agriculture, en soi, est une activité humaine qui demande des quantités astronomiques de ressources naturelles. Environ 38 % de la surface terrestre est occupée par l'agriculture. Environ 70 % des prairies, la moitié des savanes, 45 % des forêts de feuillus et 27 % des forêts tropicales sont maintenant utilisées pour l'agriculture. Entre 80 % et 90 % de l'eau douce utilisée sur la Terre sert à irriguer les champs. Modifier nos pratiques agricoles est donc une solution à ne pas prendre à la légère quand on parle de diminuer la pression qui pèse sur l'environnement.

L'agriculture conventionnelle repose notamment sur l'utilisation de plants à haut rendement (comme le blé ou le maïs), la monoculture et l'épandage de pesticides et d'engrais de synthèse. Ces technologies et façons de procéder ont certainement amélioré les rendements et permis de produire une quantité plus grande d'aliments, mais ce qu'on appelle la révolution verte, c'est-à-dire l'industrialisation de l'agriculture, ne s'est pas effectué sans amener son lot de problèmes pour la santé des humains et de la planète.

Monoculture

Au Québec, les principales grandes cultures sont le maïs, le soya, l'avoine, le blé, l'orge et le canola. Ces plantes sont généralement cultivées en monoculture, c'est-à-dire qu'une seule espèce est plantée sur une grande superficie, souvent plusieurs années consécutives.

La biodiversité, c'est l'ensemble des espèces, des écosystèmes et des processus biologiques qu'on trouve dans un lieu donné. Dans un champ de monoculture, elle est bien inférieure à celle d'un potager, par exemple. Ainsi, dans un potager, si des pucerons s'attaquent à une plante, on peut toujours planter une autre espèce qui les éloigne ou qui attire des prédateurs. Et si on finit par perdre un plant à cause d'une maladie, il y a fort à parier que d'autres espèces y auront résisté et qu'on n'aura pas perdu toute la récolte. En monoculture, comme il n'y a qu'une espèce de plante, l'arrivée d'un organisme nuisible, comme une mauvaise herbe ou un insecte ravageur, peut avoir des conséquences désastreuses sur la production. Pour éviter de subir ce genre de pertes, les agriculteurs utilisent des pesticides de synthèse.

De plus, il est important de savoir que les plantes ont toutes sensiblement les mêmes besoins nutritionnels (eau, soleil, nutriments), mais que les quantités et proportions requises ne sont pas tout à fait identiques d'une espèce à l'autre. Par exemple, le maïs est une plante qui nécessite beaucoup d'azote pour offrir un rendement adéquat. Si on faisait pousser du maïs dans un champ pendant de nombreuses années sans arrêt, le sol se viderait de ses réserves d'azote assimilables par les plants. À l'opposé, une diversité d'espèces favoriserait un meilleur équilibre dans l'utilisation des nutriments ou permettrait même d'enrichir le sol. Lorsqu'on cultive toujours la même espèce au même endroit, celle-ci va chercher les mêmes éléments et, à la longue, vide le sol de ses réserves, ce qui a pour effet de diminuer le rendement. Pour résoudre ce problème, on emploie entre autres des engrais de synthèse qui permettent « d'enrichir » le sol.

Engrais de synthèse

Les engrais de synthèse ont fait leur apparition après la Première Guerre mondiale. Ils sont utilisés en agriculture conventionnelle afin d'améliorer le rendement. Ils contiennent trois nutriments essentiels à la croissance des plantes : l'azote (N), le phosphore (P) et le potassium (K). Le sigle NPK représente la proportion de chacun de ces éléments. Par exemple, un engrais de synthèse portant la mention 20-10-20 contient 20 % d'azote, 10 % de phosphore et 20 % de potassium.

Les engrais organiques, comme le fumier, contiennent eux aussi des nutriments essentiels aux plantes, mais ceux-ci sont dégradés par les micro-organismes et sont ensuite utilisés par les plantes. Ils servent de nourriture aux micro-organismes du sol, ce qui l'enrichit et favorise sa biodiversité. Les engrais de synthèse, eux, offrent des nutriments solubles qui peuvent être utilisés quasi immédiatement par les plantes, sans avoir besoin de tous les micro-organismes présents dans le sol. Ainsi, l'utilisation d'engrais de synthèse est associée à une modification et à un appauvrissement des sols, ainsi qu'à une diminution des micro-organismes.

Même si on vous présentait un buffet où se trouve assez de nourriture pour vous nourrir pendant les prochains mois, vous ne seriez pas capable de tout manger en quelques jours. C'est un peu le même principe qui s'applique avec les engrais de synthèse. Les plantes absorbent ce dont elles ont besoin, mais il finit invariablement par rester de l'azote, du phosphore ou du potassium qui n'ont pas été utilisés. Le même phénomène survient également lorsque les agriculteurs épandent du fumier en trop grande quantité. Comme ces engrais sont hautement solubles, les terres sont lessivées après les grandes pluies, et ils finissent par se retrouver dans les cours d'eau où l'azote et le phosphore servent de nourriture à un autre type de plantes : les algues.

Le problème des « algues bleues » (ou cyanobactéries), qui touche le Québec depuis plusieurs années, est lié à l'utilisation des engrais par les agriculteurs. Le phosphore et l'azote qui sont amenés par les eaux de ruissellement nourrissent les algues des lacs. Ces dernières poussent trop bien en raison de cette abondance de nutriments et utilisent une part importante de l'oxygène présent dans l'eau. Les autres organismes aquatiques, comme les poissons, sont donc victimes de ce manque d'oxygène. Les cyanobactéries se multiplient dans les lacs qui contiennent beaucoup de phosphore et participent à la perte d'habitats aquatiques et à la réduction de la biodiversité.

Pesticides de synthèse

Les pesticides de synthèse sont des substances utilisées pour lutter contre des organismes nuisibles. Ce terme rassemble notamment les herbicides (les produits les plus utilisés), les insecticides et les fongicides, qui luttent respectivement contre les mauvaises herbes, les insectes ravageurs et les champignons.

Les cultures du maïs et du soya sont celles qui demandent la plus grande quantité de pesticides. Comme pour les engrais, les pesticides répandus contaminent les sols, l'eau et l'air. Même s'ils sont utilisés pour lutter contre des espèces particulières, leurs actions ne se limitent pas à une espèce. Plusieurs de ces molécules ont des répercussions sur l'environnement et des espèces non visées, comme les humains.

Depuis le début des années 1990, le gouvernement du Québec analyse la contamination en pesticides de certains cours d'eau à proximité de grandes cultures telles que le maïs et le soya. Selon le rapport le plus récent publié en 2012, les herbicides se trouvaient dans plus de la moitié des échantillons d'eau prélevés de mai à août, contre moins de 10 % pour les insecticides et les fongicides. Dans les rivières étudiées, la présence de ces polluants est associée à une perte de la biodiversité.

Selon un rapport du même groupe publié en 2010, l'eau potable de plus d'un réseau de distribution québécois sur quatre contiendrait des résidus de pesticides, toutefois en dessous des normes gouvernementales.

Le DDT est un insecticide qui a longtemps été utilisé en agriculture jusqu'à ce qu'on prouve, dans les années 1970, qu'il était hautement nuisible aux oiseaux et aux organismes aquatiques et qu'on en bannisse l'utilisation. Le problème, c'est qu'il ne s'agit pas d'un exemple isolé. Les néonicotinoïdes sont une autre classe d'insecticides découverte vers la fin des années 1980. Il s'agit des insecticides les plus utilisés dans le monde. Toutefois, de plus en plus d'études lient l'utilisation de ces insecticides au déclin des pollinisateurs, dont les abeilles. En 2014, un ouvrage rassemblant 150 études sur le sujet a conclu que certains néonicotinoïdes pouvaient également nuire aux vertébrés tels que les oiseaux ou les poissons.

Un monde sans abeilles

Les insectes pollinisateurs jouent un rôle d'une importance capitale. Ils sont indispensables à près de 35 % de la production alimentaire mondiale. Ces insectes et animaux participent à la propagation du pollen de fleur en fleur, une étape essentielle à la production d'une multitude d'aliments, comme les fruits, les légumes et les noix, mais aussi à la survie de 90 % des espèces végétales sur Terre. Les pommes, les cerises, les poires, les fraises, les bleuets, les canneberges, les courges, les citrouilles, les melons, le café, le thé, le cacao et les amandes sont des exemples d'aliments qui seraient très touchés, voire menacés, sans les pollinisateurs.

Les abeilles sont parmi les pollinisateurs les plus importants. Comme le dit si bien Laure Waridel : « L'abeille est l'insecte qui fait sans doute le mieux l'amour aux fleurs. » On connaît tous l'abeille domestique (celle qui produit le miel), mais plus de 20 000 espèces d'abeilles sauvages dans le monde participent également à la pollinisation.

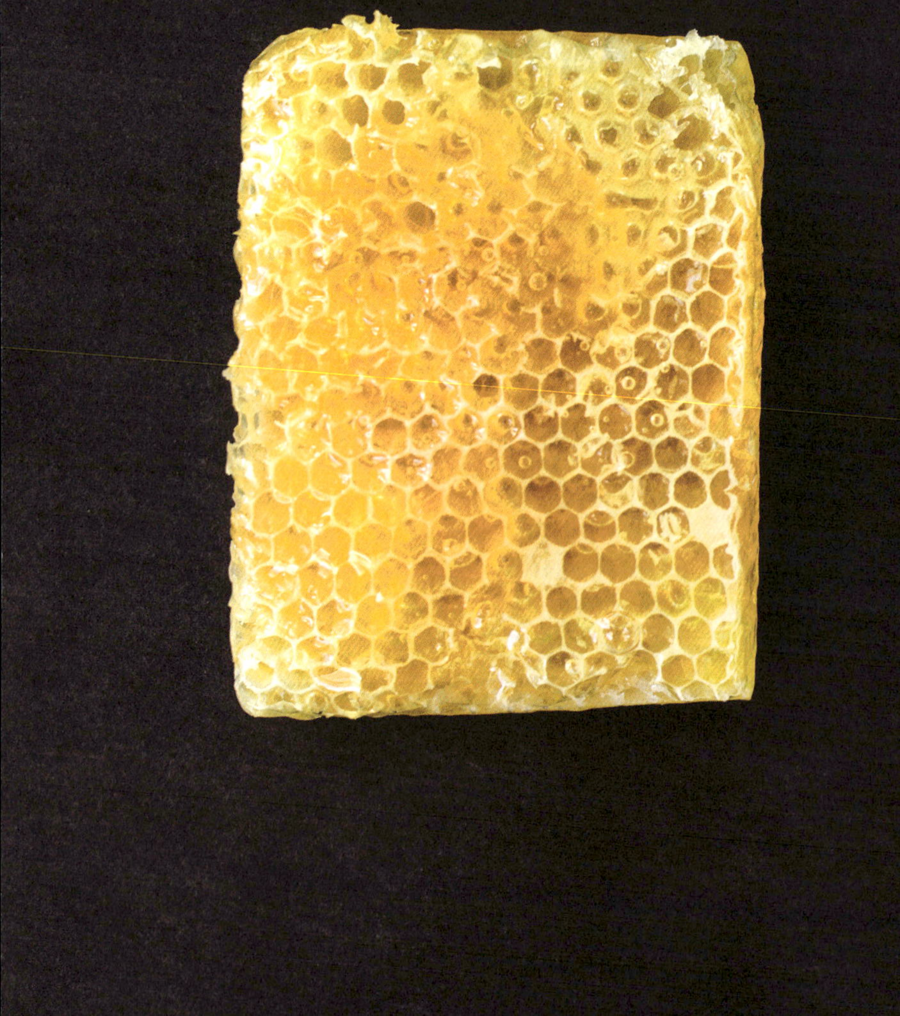

Depuis quelques décennies, nous assistons au déclin rapide de ces travailleuses ailées. Ce déclin est particulièrement préoccupant pour l'abeille domestique, qui rend des services inestimables aux agriculteurs. Selon l'Association canadienne des apiculteurs professionnels, il est acceptable de perdre environ 15 % des ruches pendant l'hiver. Pendant les hivers 2012-2013 et 2013-2014, les apiculteurs canadiens ont perdu plus d'une colonie sur quatre annuellement.

Plusieurs causes sont avancées pour expliquer ce phénomène, dont la perte d'habitats naturels au profit de l'agriculture, des maladies, des parasites, le réchauffement climatique et l'utilisation de pesticides.

Les néonicotinoïdes atteignent le système nerveux des insectes. Ces pesticides sont largement utilisés en agriculture conventionnelle afin de combattre les insectes ravageurs. Les agriculteurs peuvent asperger leurs champs ou acheter des semences enrobées d'insecticides.

On soupçonne certains néonicotinoïdes d'être en partie responsables du déclin des abeilles. En effet, il a été démontré que le pollen et le nectar des plantes traitées aux néonicotinoïdes pouvaient contenir des traces de ces pesticides. Des résidus ont également été observés dans le miel et la cire d'abeille.

En 2012 et en 2013, Santé Canada a reçu un nombre élevé de signalements de mortalité d'abeilles domestiques chez des apiculteurs de l'Ontario et du Québec à proximité de cultures de maïs. Il a été conclu, à la suite d'analyses, que la mise en terre de semences traitées avec des néonicotinoïdes était responsable de la majorité des cas de mortalité signalés.

Les doses trouvées dans l'environnement ne sont pas toujours suffisamment élevées pour tuer les abeilles. Toutefois, certains néonicotinoïdes nuiraient à leurs facultés de s'orienter, de trouver leurs sources de nourriture et de voler adéquatement. Les effets sur la survie des abeilles se verraient donc à long terme.

Bref, si les abeilles venaient à disparaître, l'impact serait catastrophique. Tant que les néonicotinoïdes seront utilisés dans l'agriculture conventionnelle, il vaudra peut-être mieux se tourner vers des aliments biologiques. Planter des fleurs (voir page 202) est une autre bonne façon d'offrir de la nourriture exempte de pesticides à nos amies butineuses.

Organismes génétiquement modifiés

Un organisme génétiquement modifié (OGM) est un organisme vivant, comme une bactérie, une plante ou un animal, dont le patrimoine génétique a été modifié pour y ajouter ou amplifier une caractéristique ou pour en retirer une qui est considérée comme indésirable. Parmi les caractéristiques ajoutées aux OGM, on retrouve en majorité une résistance aux insectes ou aux maladies et une tolérance aux herbicides.

Au Québec en 2013, 87 % du maïs et 69 % du soya cultivés dans les champs étaient génétiquement modifiés. Près de 60 %

MANGER BIO

des OGM cultivés possèdent une tolérance aux herbicides, comme le populaire Roundup. Créations de la compagnie Monsanto, l'herbicide Roundup et les semences génétiquement modifiées «Roundup Ready» permettent aux agriculteurs de semer les plantes génétiquement modifiées (GM) dans leurs champs et d'asperger ce dernier d'un herbicide contenant du glyphosate qui empêche toutes les autres plantes de pousser.

Au Québec en 2011, les acides phosphoniques, une catégorie de pesticides dont fait partie le glyphosate, représentaient 46,8% des ventes de pesticides agricoles. La présence et la concentration du glyphosate sont en croissance constante dans l'eau des rivières québécoises qui se trouvent à proximité des champs de maïs et de soya. Un rapport gouvernemental publié en 2012 faisait état de la présence du glyphosate dans 86% des échantillons recueillis dans certains de ces cours d'eau.

À cela s'ajoutent les craintes que certains gènes introduits dans les cultures GM ne se propagent à d'autres organismes vivants et nuisent à la biodiversité. Au Québec, c'est le canola GM qui pose le plus de risque puisque la plante est apparentée à plusieurs espèces sauvages. Le phénomène a d'ailleurs été documenté au Québec en 2007 alors que deux espèces sauvages apparentées au canola ont créé des hybrides porteurs du gène de résistance au Roundup. Ces hybrides ont été observés pendant six ans à proximité d'un champ de canola GM, même si aucun canola GM n'a été planté après la première année.

En bref, l'agriculture conventionnelle est associée à divers problèmes environnementaux, dont la pollution de l'eau, de l'air et des sols, ce qui a pour effet de détruire des écosystèmes et de nuire à la biodiversité. Heureusement, il existe un autre modèle de production alimentaire : l'agriculture biologique.

Reconnaître les aliments biologiques

Les aliments biologiques, qui sont de plus en plus populaires, représentaient en 2010 un marché de plus de 580 millions de dollars au Québec. Malgré tout, le secteur biologique reste très marginal. Seulement 3,6 % des entreprises agricoles possèdent la certification biologique.

Depuis l'an 2000, le terme «biologique» est réglementé au Québec. Les produits alimentaires qui affichent la mention «biologique» (ou «organic» en anglais) doivent répondre à des normes précises et être certifiés par un des certificateurs accrédités par le Conseil des appellations réservées et des termes valorisants (CARTV) ou par l'Agence canadienne d'inspection des aliments (ACIA). Le tableau suivant présente les principaux critères à respecter pour qu'un aliment soit considéré comme biologique. Ainsi, si vous voyez l'emballage d'un produit qui affiche ce terme, vous pouvez être assuré qu'il a été produit et transformé selon les règles établies.

Principales caractéristiques de la production d'aliments biologiques

Culture biologique
— Pas de pesticides de synthèse.
— Pas d'engrais de synthèse ni de boue d'épuration.
— Pas de semences issues d'organismes génétiquement modifiés (OGM).

Élevage biologique
— Pas d'antibiotiques ni d'hormone de croissance.
— Pas de farines animales dans l'alimentation.
— Les aliments proviennent tous de la culture biologique.
— Pas de surpopulation animale dans les bâtiments fermés.

Produits transformés
— Pas de colorant de synthèse, ni d'arôme artificiel, ni d'additifs de synthèse.
— Pas d'agent de conservation de synthèse.
— Pas d'irradiation des aliments.

Ainsi, parce que l'agriculture biologique n'utilise pas de pesticides ou d'engrais de synthèse et parce que les animaux sont nourris exclusivement avec des aliments issus de la culture biologique, ce mode d'agriculture est plus respectueux de l'environnement. Au lieu d'utiliser des pesticides, on désherbe mécaniquement et on lutte de façon biologique contre les ravageurs. Les sols sont enrichis grâce à la rotation des cultures, à l'utilisation d'engrais naturels et à l'épandage de matières organiques compostées, comme le fumier d'animaux. Il est vrai que la culture biologique utilise des pesticides naturels qui peuvent avoir des effets sur l'environnement et les espèces, mais leur utilisation ne doit se faire qu'en dernier recours. En fait, l'agriculture biologique nuit moins à la biodiversité des espèces, enrichit les sols en matières organiques et diminue les pertes de nutriments par lessivage, comme l'azote.

Pour que le produit affiche la mention « biologique » ou l'abréviation « bio », il faut qu'au moins 95 % des ingrédients soient biologiques. Si le produit contient entre 70 % et 95 % d'ingrédients biologiques, il faut que la mention « contient XX % d'ingrédients biologiques » apparaisse sur l'emballage.

Pour les produits provenant du Québec, il existe six organismes accrédités par le CARTV : Ecocert Canada, Letis S.A., Organisme de certification Québec-Vrai, Pro-Cert Organic Systems Ltd., Quality Assurance International Inc. et TransCanada Organic Certification Services. Leurs logos peuvent se retrouver sur l'emballage si plus de 70 % des ingrédients sont biologiques.

Le logo « Bio Québec » vous assure que 95 % des ingrédients du produit sont biologiques et qu'il a été produit ou transformé au Québec.

Les logos « Aliments bio du Québec » et « Aliments bio préparés au Québec » signifient que le produit répond aux critères des logos « Aliments du Québec » et « Aliments préparés au Québec » (voir page 21) et qu'il a obtenu la certification d'un organisme accrédité par le CARTV.

Repérer les logos est facile quand il y a un emballage. Toutefois, comme vous le verrez plus loin, je vous encourage à toujours choisir des aliments peu transformés. Pas d'emballage ? Encore mieux ! Ainsi, choisir des aliments transformés biologiques peut être un bon début, mais se tourner vers des aliments biologiques peu transformés est une meilleure idée. Si ces derniers n'ont pas d'emballage, ils n'auront vraisemblablement pas de logo. Dans ce cas, vous trouverez habituellement la mention sur de petites affiches au marché ou au supermarché.

L'agriculture biologique peut-elle nourrir le monde ?

Un des arguments souvent énoncés contre l'agriculture biologique est que ce mode de production ne permettrait pas de nourrir le monde. Cette affirmation est prématurée, à mon avis.

Globalement, avec les méthodes actuelles, l'agriculture biologique donne de moins bons rendements que l'agriculture conventionnelle. Cependant, cette différence dans les rendements peut être plus ou moins grande selon l'endroit où elle est pratiquée et selon le type de culture. Par exemple, le blé ou l'orge semblent offrir de meilleurs rendements lorsqu'ils sont cultivés de façon conventionnelle, alors que les légumineuses et les fruits offrent des rendements similaires peu importe la méthode. Toutefois, en décidant d'investir dans la recherche et le développement de méthodes et de cultures mieux adaptées à la culture biologique, il serait possible de diminuer considérablement nos besoins en pesticides et en engrais de synthèse.

> Arriver à un impact zéro est impossible, mais se tourner vers des aliments issus de l'agriculture biologique représente un premier pas dans la bonne direction et permet d'encourager des agriculteurs qui décident de faire les choses différemment afin de diminuer leur impact environnemental.

Acheter un fruit ou un légume biologique

Entrez dans n'importe quel supermarché et vous êtes assuré de tomber sur une section de fruits et de légumes biologiques. Maintenant que vous connaissez la différence entre l'agriculture conventionnelle et l'agriculture biologique, vous savez qu'acheter des fruits ou des légumes issus d'un type d'agriculture plus respectueux de l'environnement a bien du sens. En plus, les amateurs vous le diront, ils ont plus de goût que les fruits et les légumes conventionnels. Une autre bonne raison de les mettre dans votre panier!

Ces aliments coûtent plus cher, car le prix englobe les coûts supplémentaires de production. Cependant, en saison, il y a toujours moyen de trouver des produits bio qui ne coûtent pas vraiment plus cher que les conventionnels.

MANGER BIO

VRAI OU FAUX ?

Les fruits et les légumes bio sont meilleurs pour la santé.

FAUX. Beaucoup de chercheurs ont émis cette hypothèse, notamment parce que plusieurs des nutriments présents dans les végétaux sont produits par la plante pour se protéger des menaces. Ainsi, il serait permis de croire que, puisque les végétaux issus de l'agriculture biologique sont moins traités aux pesticides de synthèse, ces derniers subissent plus d'attaques de la part des ravageurs et contiennent donc plus de nutriments.

Effectivement, les fruits et les légumes biologiques sont parfois plus riches en différents minéraux, vitamines et antioxydants. Cependant, on parle d'une différence minime, et ce, pour seulement quelques molécules parmi les centaines qu'on trouve dans ces aliments.

Les doses de pesticides contenues dans les fruits et les légumes sont si faibles qu'elles ne nuiraient pas à la santé des consommateurs. Cela étant dit, l'utilisation de pesticides est associée à des risques plus élevés de santé chez les agriculteurs, comme la maladie de Parkinson, le cancer ou des malformations congénitales. Acheter des aliments biologiques est donc une bonne façon de contribuer à la santé de ceux et celles qui produisent les aliments que nous mangeons chaque jour !

Toutefois, il n'est pas possible pour le moment d'affirmer que les fruits et les légumes biologiques sont meilleurs pour la santé des consommateurs.

Quels fruits et légumes contiennent le plus de résidus de pesticides ?

Chaque année, l'organisme américain Environmental Working Group publie ses palmarès des fruits et des légumes les plus et les moins contaminés en résidus de pesticides. En remplaçant les aliments qui contiennent le plus de résidus de pesticides par leur version biologique, on diminue notre ingestion de ces produits de synthèse.

Cependant, puisque ce sont les parties habituellement consommées qui sont analysées, les aliments qui contiennent le moins de résidus de pesticides ne sont pas nécessairement ceux dont la culture nécessite le moins de ces produits. Par exemple, l'ananas fait partie des aliments contenant le moins de résidus de pesticides, mais c'est parce que sa peau épaisse ne les laisse pas passer et qu'on ne la mange pas. Ce n'est pas parce qu'on n'applique aucun pesticide lors de sa culture.

Bref, si vous voulez diminuer votre consommation de pesticides et encourager la culture biologique, vous pouvez commencer par les fruits et les légumes les plus contaminés, puis, au fur et à mesure, vous pourrez appliquer ces substitutions aux autres.

LES 12 FRUITS ET LÉGUMES CONTENANT LE PLUS DE PESTICIDES

Pomme	 Fraise	 Raisin
 Céleri	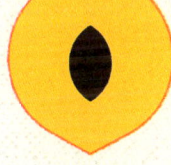 Pêche	 Épinard
 Poivron rouge	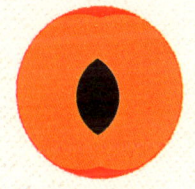 Nectarine	 Concombre
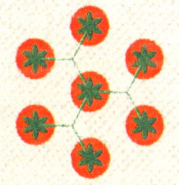 Tomate cerise	 Pois mange-tout	 Pomme de terre

LES 12 FRUITS ET LÉGUMES CONTENANT LE MOINS DE PESTICIDES

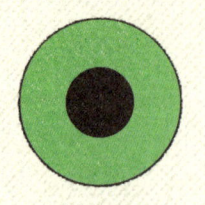

Avocat	Maïs sucré	Ananas
Chou	Petits pois	Oignon
Asperge	Mangue	Papaye
Kiwi	Aubergine	Pamplemousse

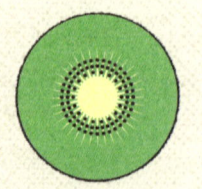

Éviter les OGM

Sans entrer dans le débat très controversé des OGM et de leur impact sur la santé, je dirais que les risques liés à l'environnement, dont la contamination abondante des cours d'eau par le glyphosate et l'impact potentiel sur la biodiversité, justifient qu'on essaie d'éviter les cultures génétiquement modifiées (GM).

Au Canada, 12 espèces de plantes GM sont acceptées à des fins de commercialisation : le maïs, le soya, la pomme de terre, la tomate, le coton, le lin, le canola, la betterave sucrière, la luzerne, le riz, la courge et la papaye. Cependant, la plupart d'entre elles ne sont même pas cultivées au Canada. Le maïs, le soya et le canola représentent les principales cultures GM cultivées au pays. D'ailleurs, la majorité des cultures de soya, de maïs-grain et de canola du Québec sont GM. Le soya et le maïs-grain GM servent entre autres à nourrir les animaux d'élevage conventionnel.

À l'exception d'une variété de papaye et de maïs sucré, aucun aliment génétiquement modifié n'est vendu frais au Canada. Il est toutefois encore assez rare de trouver de ces deux produits dans les rayons de nos épiceries. On trouve plutôt les OGM dans certains produits transformés.

Selon une étude québécoise effectuée en 2009, seulement 3 % des aliments typiquement retrouvés dans le panier d'épicerie contiendraient des OGM. Ce faible pourcentage s'explique par le fait qu'on achète des aliments qui ne contiennent évidemment pas d'OGM, comme les fruits et les légumes frais (à l'exception des deux mentionnés plus haut), la viande, les œufs et le lait.

Dans cette même étude, les chercheurs ont observé des traces d'OGM dans plus d'un produit transformé sur deux contenant des ingrédients potentiellement GM, comme le maïs, le soya ou le canola. Il est toutefois permis de croire que ces résultats sont sous-évalués.

En effet, ce n'est pas parce qu'un aliment ne contient pas de traces d'OGM qu'il n'est pas issu d'aliments GM. Par exemple, en raison de sa composition, il est difficile de mesurer les traces d'OGM dans l'huile de canola. Cependant, plus de 90 % du canola cultivé au Canada serait GM. Si vous n'achetez pas de l'huile de canola biologique, il y a de fortes chances que cette huile provienne de cultures GM.

Contrairement à plus d'une soixantaine de pays dans le monde, aucune réglementation canadienne n'existe pour obliger l'affichage des OGM.

Pour le moment, le meilleur moyen d'éviter de consommer des aliments issus de cultures GM est de manger moins transformé. Lorsque vous achetez des aliments transformés, privilégiez les versions biologiques, surtout s'ils contiennent du soya, du maïs ou du canola.

Acheter de la viande biologique

La grande majorité des cultures GM se trouvent dans l'alimentation des animaux d'élevage. Ainsi, acheter de la viande biologique permet de s'assurer non seulement que les animaux n'ont pas mangé d'OGM, mais également qu'ils ont consommé des cultures biologiques.

Contrairement aux fruits et aux légumes, il est parfois plus difficile de trouver de la viande biologique dans les supermarchés et marchés publics. Et il faut l'avouer, cette viande est un peu plus chère, notamment à cause du coût plus élevé de l'élevage bio.

L'organisme Équiterre a développé une carte interactive des producteurs de viande biologique à qui il est possible de commander des paniers de viande qui sont livrés près de votre domicile ou de votre lieu de travail. En fonctionnant avec ce principe, vous payez souvent moins cher qu'au supermarché pour un produit équivalent, car il y a un intermédiaire de moins.

Malgré cela, la production de la viande reste assez énergivore et polluante, comme vous le verrez dans la section suivante. Manger occasionnellement de la viande biologique est donc peut-être un bon compromis entre consommer de la viande selon la façon habituelle nord-américaine et ne plus en manger du tout.

Manger moins de viande

Comme on l'a vu dans la section « Manger local », le transport des aliments représente 11 % de leurs émissions de gaz à effet de serre. Pour diminuer de façon significative l'impact environnemental de notre alimentation, il faut diminuer notre consommation de la catégorie d'aliments dont la production est la plus polluante : la viande.

Réchauffement climatique

On entend souvent parler du réchauffement climatique et de l'émission de gaz à effet de serre, et on comprend généralement que ce n'est pas bon. Savez-vous toutefois vraiment quel est ce phénomène et quelles en sont les conséquences potentielles ?

La principale source de chaleur et d'énergie de la Terre est le Soleil. Cette étoile nous envoie une quantité relativement stable d'énergie. Pour que le climat reste stable, autant de chaleur doit sortir de la Terre qu'il en entre. Or, les températures moyennes de l'air à la surface des terres et des océans ont augmenté depuis les 100 dernières années. Lorsqu'on parle du réchauffement climatique, il s'agit de ce phénomène où les températures moyennes des océans et de l'atmosphère augmentent constamment, sur plusieurs décennies. Le climat sur la Terre est en train de changer et ce n'est pas parce que le Soleil nous envoie plus de rayons. Le réchauffement qui est observé est lié, en partie, à l'action humaine.

Gaz à effet de serre (GES)

Les gaz à effet de serre participent à la conservation de la chaleur du soleil dans l'atmosphère terrestre, ce qui permet de maintenir des températures compatibles avec la vie. Ils empêchent une partie de la chaleur de retourner dans l'espace. En soi, ces gaz sont utiles. Le problème est que, depuis la révolution industrielle, nous relâchons une quantité de plus en plus importante de gaz à effet de serre dans l'atmosphère. Entre 2000 et 2010, les émissions de GES liées aux humains ont été les plus élevées de l'histoire de l'humanité, et tout porte à croire que cette tendance s'accentuera.

Les gaz à effet de serre n'ont pas tous le même effet sur le réchauffement climatique. Certains ont un potentiel de réchauffement climatique plus élevé. Pour faciliter les calculs, le gaz carbonique (CO_2) est considéré comme la référence et les autres sont exprimés en équivalent de gaz carbonique. Par exemple, le méthane a un potentiel de réchauffement planétaire 21 fois plus élevé que le gaz carbonique, alors qu'un kilo d'oxyde nitreux peut réchauffer la planète 310 fois plus qu'un kilo de gaz carbonique.

Plus l'air est chaud, plus il peut recueillir de la vapeur d'eau. Le problème, c'est que cette vapeur est un GES très puissant qui participe à retenir la chaleur. Elle s'y accumule dangereusement.

Les conséquences du réchauffement climatique

Il est estimé que, d'ici 2100, la température moyenne sur la Terre pourrait augmenter de 2 °C ou plus. Même si cette hausse de température semble faible, elle pourrait avoir de désastreuses conséquences sur l'environnement et les êtres humains. Des phénomènes météorologiques plus fréquents et extrêmes sont à prévoir, tels que des vagues de chaleur, des inondations, des sécheresses et des ouragans. À cause notamment de la fonte des glaces, on s'attend également à ce que le niveau des océans s'élève, amenant vraisemblablement des pertes de terres habitées. Ces changements auront des conséquences sur les réserves alimentaires mondiales. Globalement, on croit que la production alimentaire pourrait diminuer de 2 % par décennie à cause de ces divers changements dans l'environnement.

En plus de nuire aux réserves alimentaires mondiales et à la culture de plantes, qui représentent la base de l'alimentation de nombreux pays, le réchauffement climatique nous forcera probablement à dire adieu à des denrées alimentaires courantes d'ici à peine quelques décennies.

Le Ghana et la Côte d'Ivoire produisent 53 % du cacao mondial. Il est prédit que les températures moyennes, qui augmenteront d'ici 2050, réduiront considérablement la surface de terres idéales pour la culture des cacaoyers. Les températures seront plus élevées lors de la saison sèche, un facteur qui nuit gravement à l'arbre.

Un autre arbre important sera touché par les changements climatiques : l'érable à sucre. En effet, la production du sirop d'érable, dont 80 % est effectuée au Québec, est très dépendante de la température. Les érables à sucre ont besoin de températures plus basses que 0 °C pendant la nuit et plus élevées que 0 °C pendant le jour pour produire une sève abondante. Ces conditions idéales deviennent de plus en plus rares avec le réchauffement climatique. Une baisse de la production est donc à prévoir si les arbres et les agriculteurs n'arrivent pas à s'adapter à cette nouvelle réalité.

Partout dans le monde, la production de café est touchée par les changements climatiques. Que ce soit à cause de maladies, de la diminution des précipitations ou de l'augmentation des températures, le café est une culture vulnérable. Si les agriculteurs n'arrivent pas à s'adapter, la production risque de diminuer radicalement dans les prochaines décennies.

La liste pourrait s'allonger encore longtemps. En fait, plusieurs autres aliments, comme le blé, le raisin, le maïs ou les arachides, risquent d'être touchés par les changements climatiques.

Il s'agit donc d'une raison supplémentaire pour prendre le taureau par les cornes et commencer dès maintenant à s'attaquer aux changements climatiques afin de diminuer l'ampleur des dégâts causés par l'homme.

L'élevage et les gaz à effet de serre

Diminuer l'émission de gaz à effet de serre est une priorité mondiale si on désire ralentir le réchauffement climatique. Consommer moins de viande est un geste que nous pouvons tous faire pour participer à ce défi.

L'élevage d'animaux pour l'alimentation occupe 75 % des terres utilisées par l'agriculture et plus du tiers (35 %) des cultures servent à les nourrir. Cette industrie est ainsi responsable de 14,5 % des émissions de gaz à effet de serre liées à l'activité de l'homme, soit l'équivalent de tous les moyens de transport (voitures, camions, avions, bateaux, etc.) réunis.

La plus grande partie des émissions de gaz à effet de serre liées à l'élevage provient de la production de la nourriture pour les animaux (45 %) et de la fermentation de cette nourriture dans le tube digestif des ruminants (39 %).

Gaz à effet de serre et principales sources liées à l'élevage

Méthane (CH_4) (44 %)
Les aliments consommés par les ruminants fermentent sous l'action des bactéries de leur tube digestif. Cette digestion produit du méthane qui est relâché sous forme de flatulences.

MANGER MOINS DE VIANDE

Oxyde nitreux (N₂O) (29%)
L'azote appliqué dans les champs sous forme d'engrais (engrais de synthèse et fumier) pour produire la nourriture des animaux peut se transformer, par une série de réactions, en oxyde nitreux.

Gaz carbonique (CO₂) (27%)
Les émissions de gaz carbonique proviennent de l'utilisation d'énergie (comme le pétrole) pour la production et la transformation de divers produits ainsi que de la destruction d'habitats naturels.

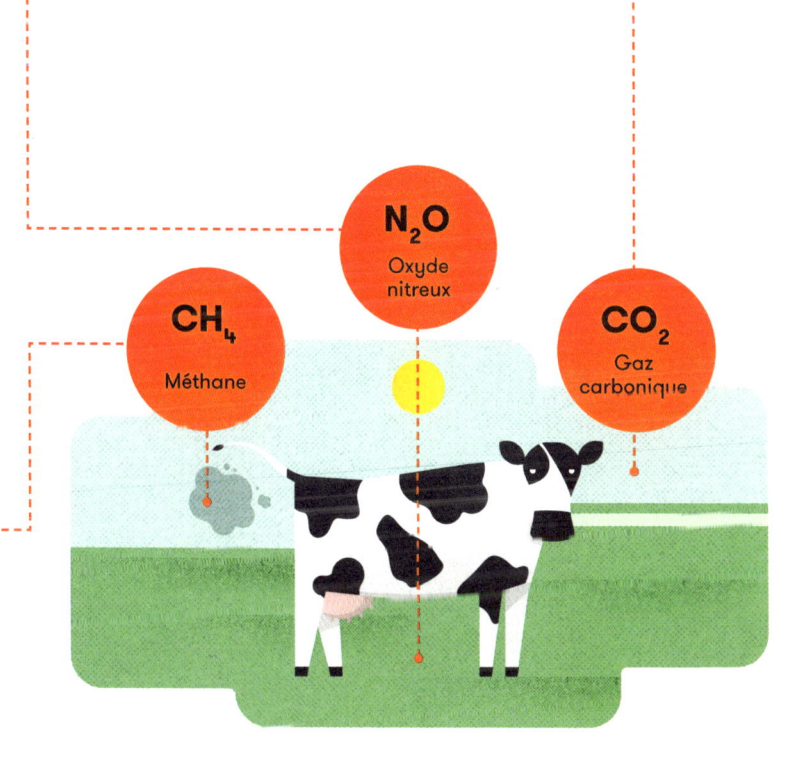

N₂O
Oxyde nitreux

CH₄
Méthane

CO₂
Gaz carbonique

59

Par calorie, le bœuf...

Émet

11 × plus de gaz à effet de serre que le blé, le riz ou la pomme de terre

5 × plus de gaz à effet de serre que les vaches laitières, le porc, la volaille ou les œufs

Occupe

160 × plus de terres que le blé, le riz ou la pomme de terre

28 × plus de terres que les vaches laitières, le porc, la volaille ou les œufs

Demande

8 × plus d'eau que le blé, le riz ou la pomme de terre

11 × plus d'eau que les vaches laitières, le porc, la volaille ou les œufs

Produire des protéines animales demande beaucoup plus d'énergie que produire des protéines végétales. En effet, l'élevage des animaux est très énergivore, particulièrement celui du bœuf.

La production de produits laitiers est plus efficace pour produire des protéines que la production de la viande de bœuf, car on peut consommer le lait de la vache pendant quelques années, puis sa viande, lorsqu'elle a atteint sa «durée de vie utile» (triste réalité, n'est-ce pas?). On estime tout de même que ces deux industries sont responsables ensemble de 65% des émissions de gaz à effet de serre liées à l'élevage. Bref, élever des troupeaux de ruminants a un impact non négligeable sur notre environnement. Le porc et la volaille (y compris les œufs) sont responsables de 17% de ces émissions. Tant que la demande pour ces produits restera élevée au sein de la population, il est évident que la pollution liée à l'élevage des animaux suivra la même tendance.

Pour cette raison, diminuer notre consommation de produits issus de l'élevage des animaux reste un moyen à la portée de tous pour lutter contre le réchauffement climatique.

Participer au mouvement Lundi sans viande

On le sait maintenant, l'élevage des animaux destinés à nourrir les humains pose énormément de problèmes environnementaux. Faut-il alors, dès aujourd'hui, totalement laisser tomber notre consommation de viande ?

Il est certain que les végétariens ont un impact sur l'environnement beaucoup moins élevé que les omnivores. Le tableau suivant montre combien de gaz à effet de serre produisent différents types d'alimentation.

Émissions quotidiennes de gaz à effet de serre selon le type d'alimentation*

Gros mangeurs de viande (100 grammes de viande et plus par jour)	7,19
Mangeurs moyens de viande (50 à 99 grammes de viande par jour)	5,63
Petits mangeurs de viande (moins de 50 grammes de viande par jour)	4,67
Aucune viande, mais du poisson	3,91
Végétariens (produits laitiers, œufs, miel)	3,81
Végétaliens (aucun produit animal)	2,89

*Émissions quotidiennes de gaz à effet de serre (kg d'équivalent CO_2)

Ce que montrent ces résultats, c'est qu'éviter à 100 % les produits animaux permet de diminuer de façon radicale l'émission de gaz à effet de serre. Cependant, le simple fait de diminuer sa consommation de viande rouge et de volaille diminue tout de même notre impact sur l'environnement de façon considérable.

> Le World Cancer Research Fund est un organisme mondial qui évalue des milliers d'études liées à la recherche sur le cancer. Cet organisme a émis 10 recommandations pour diminuer nos risques de souffrir de divers cancers. Consommer moins de 500 grammes de viande rouge par semaine (donc un peu moins que les mangeurs moyens) et éviter les charcuteries sont parmi les meilleures façons de diminuer votre risque de souffrir de plusieurs cancers.

La théorie des petits pas

La campagne québécoise « Lundi sans viande » est tirée du mouvement Meatless Monday, qu'on trouve notamment aux États-Unis, en Angleterre, en Hollande, au Brésil, en Finlande et en France. Le but de cette campagne est de sensibiliser les consommateurs aux enjeux de santé, environnementaux et éthiques liés à la consommation de viande. Pour participer, ce n'est pas compliqué : le lundi, on consomme des repas végétariens.

Ce que j'apprécie le plus de cette initiative, c'est qu'on propose aux gens de modifier leurs habitudes une étape à la fois. Devenir végétarien du jour au lendemain serait probablement difficile ou même impensable pour plusieurs. En essayant un jour par semaine d'intégrer des protéines végétales à votre alimentation, vous constaterez par vous-même que non seulement ce n'est pas difficile, mais qu'en plus, c'est bon! Et pourquoi ne pas ajouter un « Jeudi sans viande » par la suite? Puis un samedi...

Le site de la campagne offre de nombreuses recettes végétariennes, et il existe plusieurs blogues sur le sujet qui valent la peine d'être consultés. Vous en trouverez quelques-uns à la fin de ce livre.

Cuisiner les légumineuses

Saviez-vous que le Canada était un gros producteur de légumineuses? En fait, il est le plus gros producteur mondial de lentilles et de pois secs. Depuis 1991, la production a plus que quadruplé au pays. Surpris? C'est normal. La plus grande partie des légumineuses cultivées sert à l'alimentation des animaux, et non à nourrir des humains.

Les légumineuses sont des plantes à gousse dont les grains représentent une excellente source de protéines qui méritent d'être intégrées à notre alimentation. Il en existe plusieurs variétés, comme les haricots, les lentilles, les pois chiches, le soya et les pois secs.

Les légumineuses représentent une des sources de protéines qui émet le moins de gaz à effet de serre. En effet, un kilo de légumineuses ou de tofu (qui est fabriqué à partir du soya) produit environ deux kilos d'équivalent CO_2. Pour vous donner une idée, c'est 13,5 fois moins qu'un kilo de bœuf, 7 fois moins qu'un kilo de fromage, 6 fois moins qu'un kilo de porc et 3,5 fois moins qu'un kilo de poulet.

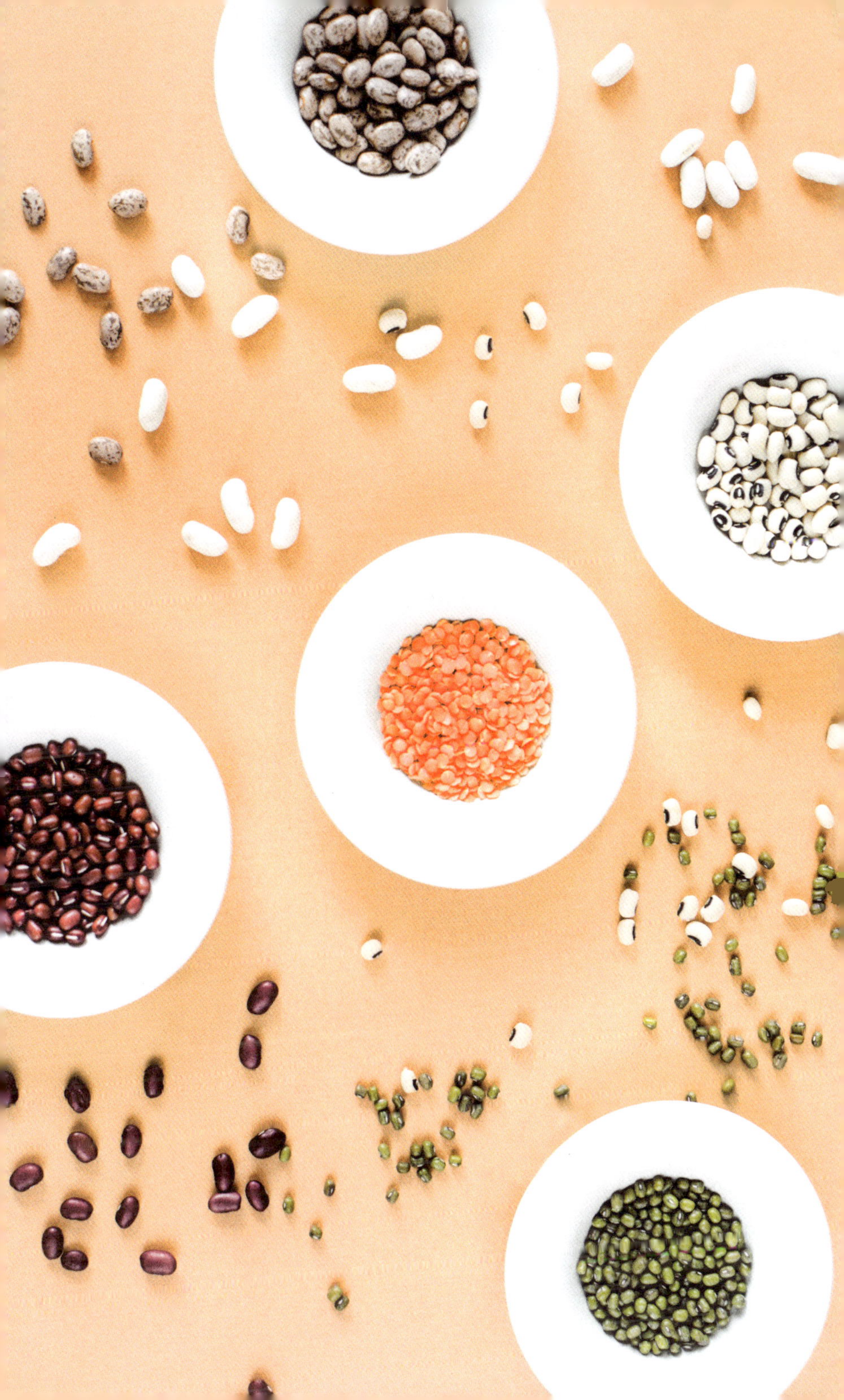

J'ai remarqué chez plusieurs omnivores une réticence à consommer des légumineuses. Pourtant, il suffit de savoir les apprêter pour les apprécier pleinement. Elles sont non seulement nutritives, mais elles sont également très abordables, savoureuses et polyvalentes.

Acheter des légumineuses sèches

Les légumineuses en conserve sont très pratiques, car elles ne requièrent pas de cuisson. Les légumineuses sèches, quant à elles, se vendent en vrac ou en sac. Ce qui réduit grandement la quantité de déchets produits. Elles demandent un temps de préparation un peu plus long, mais à peine plus d'efforts !

Pour diminuer de moitié le temps de cuisson, laissez tremper les légumineuses dans l'eau toute la nuit, soit environ 10 heures, dans trois à quatre fois leur volume. Les lentilles ne nécessitent pas de trempage avant la cuisson en raison de leur petite taille.

Pour diminuer les risques de flatulences, ne faites pas cuire vos légumineuses dans l'eau de trempage. Vous pouvez toujours arroser vos plantes avec cette eau. Portez la nouvelle eau à ébullition, puis baissez le feu et laissez mijoter jusqu'à ce qu'elles soient tendres, c'est-à-dire qu'elles s'écrasent à la fourchette. Les lentilles peuvent cuire en 30 minutes environ, mais d'autres légumineuses, comme les pois chiches ou les fèves de soya, peuvent demander de deux à trois heures.

J'aime congeler les légumineuses cuites et les utiliser quand j'en ai besoin, comme des légumineuses en conserve.

Même si on les achète sèches, les lentilles n'ont pas besoin d'être trempées. Voici une recette qui met en valeur la rapidité avec laquelle on peut les préparer.

MANGER MOINS DE VIANDE

RECETTE — Soupe de lentilles à devenir accro

PORTIONS	PRÉPARATION	CUISSON
6 à 8	15 minutes	25 à 30 minutes

Ingrédients

1 boîte 796 ml de tomates en dés

30 ml (2 c. à soupe) d'huile d'olive ou de canola

2 oignons jaunes moyens hachés

2 carottes moyennes pelées en brunoise

6 gousses d'ail hachées

30 ml (2 c. à soupe) de gingembre frais haché

1 ou 2 jalapeños hachés, au goût (ou une pâte de piment de type harissa) — facultatif

15 ml (1 c. à soupe) de cari moulu

5 ml (1 c. à thé) de cumin moulu

Sel et poivre

500 ml (2 tasses) de lentilles corail sèches

1 lime

2 litres (8 tasses) de bouillon de légumes ou de poulet

1 boîte 400 ml de lait de coco

125 ml (½ tasse) de coriandre fraîche hachée (en réserver un peu pour décorer au service)

Quartiers de lime pour servir

Préparation

1. Dans une grande casserole, chauffer l'huile à feu moyen et y faire revenir les oignons et les carottes de 5 à 8 minutes (on veut que les légumes ramollissent et deviennent translucides sans se colorer).

2. Pendant ce temps, hacher et mesurer l'ail, le gingembre, le jalapeño, le cari, le cumin, le sel et le poivre. Ajouter ces ingrédients au chaudron et cuire en mélangeant 2 minutes.

3. Ajouter les lentilles et brasser.

4. Ajouter le jus de lime, les tomates, le bouillon et le lait de coco. Porter à ébullition, puis baisser le feu pour laisser frémir doucement pendant environ 20 minutes, en brassant de temps en temps. À la fin de la cuisson, les lentilles auront épaissi et la soupe aura une texture épaisse.

5. Éteindre le feu, ajouter la coriandre, rectifier l'assaisonnement et servir en décorant d'un peu plus de coriandre et avec un quartier de lime.

Cuisiner du tofu

Diminuer sa consommation de viande veut dire découvrir de nouvelles sources de protéines. Le tofu est le roi de la cuisine végétarienne, et à juste titre. Il s'agit d'un des aliments les plus polyvalents que je connaisse. En plus de se présenter sous différentes formes (de soyeux à extra ferme), il a un goût neutre qui ne demande qu'à être relevé par des assaisonnements inspirés des cuisines du monde. Il s'agit également d'un substitut de la viande ultra économique.

J'entends constamment des préjugés négatifs envers le tofu, parfois de la part de personnes qui n'y ont jamais goûté, souvent de ceux qui ont eu une expérience avec du tofu mal préparé ! Pourtant, un truc simple permet de faire adorer le tofu même aux plus réfractaires. C'est de cette façon que j'ai réussi à convaincre mon entourage que le tofu a sa place dans l'alimentation des omnivores !

TRUC · **Transformer le tofu**

1. Couper le tofu en cubes de 3 à 5 cm et les plonger dans la fécule de maïs. Comme le tofu est humide, la fécule y colle, sans qu'on ait besoin d'ajouter d'œuf battu.

2. Cuire les cubes dans la poêle avec de l'huile végétale jusqu'à ce que la fécule forme une belle croûte.

3. Retourner les cubes afin que chacune des faces soit bien dorée.

4. Les cubes de tofu seront croustillants à l'extérieur et moelleux à l'intérieur.

5. J'aime bien recouvrir le tofu d'une sauce aigre-douce asiatique et le servir avec un sauté de légumes et du riz.

Une fois ouvert, un paquet de tofu se conserve jusqu'à un mois dans l'eau si on la change chaque jour. Personnellement, je préfère le cuisiner au complet plutôt que d'investir autant de temps dans sa conservation !

VRAI OU FAUX ? Les protéines végétales sont aussi nutritives que les protéines animales

FAUX! Mais... les protéines sont composées d'acides aminés. Parmi ces acides aminés, il en existe neuf qui sont essentiels, car notre corps n'est pas capable de les fabriquer. Pour cette raison, il est nécessaire d'aller les chercher dans les aliments.

Les protéines animales contiennent tous les acides aminés essentiels dans les bonnes quantités. À l'exception du soya, les protéines végétales, elles, ne contiennent pas tous les acides aminés essentiels dans les bonnes quantités. Elles sont ainsi appelées protéines «incomplètes».

Cependant, en consommant différentes sources de protéines végétales, comme les légumineuses, les noix et les graines de même que des produits céréaliers (qui ne sont pas riches en protéines, mais qui en contiennent tout de même), on s'assure d'aller chercher tous les acides aminés dont on a besoin. On a longtemps cru qu'il fallait combiner les différentes sources de protéines végétales lors du même repas. On sait maintenant qu'il suffit de manger de ces divers aliments au cours de la journée.

Cela étant dit, si vous consommez déjà des sources de protéines animales, comme de la viande rouge, de la volaille, du poisson, des fruits de mer, des produits laitiers ou des œufs, vous n'avez pas besoin de vous soucier des acides aminés. Intégrer des légumineuses, des noix et des graines à votre alimentation est une habitude qui ne peut que faire du bien à votre santé et à l'environnement.

Choisir la pêche durable

Pour un nutritionniste, encourager les gens à consommer plus de poisson fait partie du quotidien. On devrait en consommer au moins deux fois par semaine pour profiter pleinement de ses bienfaits sur la santé, notamment en raison des oméga-3, mais aussi pour tous les autres nutriments qu'ils contiennent. Cependant, alors que les consommateurs sont poussés à manger de plus en plus de poisson, les océans, eux, se vident à un rythme accéléré.

La pêche et l'aquaculture commerciales sont responsables de plusieurs problèmes liés à la pollution, à la destruction d'environnements et à la perte de biodiversité. Pour illustrer certains de ces problèmes, j'utilise l'exemple de quatre espèces : la morue, le flétan, le thon et le saumon de l'Atlantique.

La morue : santé de l'espèce

En 1497, lorsque l'explorateur italien Jean Cabot s'est rendu en Amérique, il a écrit dans ses récits de voyage que la morue de l'Atlantique était si abondante qu'on «aurait pu marcher sur leur dos». La nouvelle s'est répandue rapidement en Europe qui, pendant des siècles, s'est nourrie de ces grands bancs de morues du large de Terre-Neuve.

Pendant les siècles qui ont suivi cette découverte, les bateaux ont pêché des quantités de morues qui permettaient aux bancs de se renouveler. Cette situation a duré jusque dans les années 1950, où la flotte de bateaux est devenue plus importante, mais surtout beaucoup plus efficace. À cette époque, la pêche à la morue était une activité économique importante au Canada. Les prises ont augmenté sans cesse jusqu'en 1968, année où elles furent les plus importantes. Dès ce moment, malgré l'avancement de la technologie, les prises se sont mises à décroître.

Au début des années 1990, c'est la catastrophe. D'un seul coup, les prises diminuent. En fait, les bancs avaient diminué à un point tel qu'il n'était plus possible pour les poissons de se reproduire suffisamment pour renouveler les bancs. Le gouvernement canadien a ainsi été dans l'obligation d'imposer un moratoire sur la pêche en 1992 afin de laisser l'espèce reprendre son souffle. Plusieurs milliers de personnes ont perdu un emploi directement relié à cette industrie. Plus de 20 ans plus tard, le moratoire est encore en place, car la morue ne s'en est jamais remise.

Donc, manger de la morue de l'Atlantique pêchée dans cette région n'est pas un choix durable, car il s'agit d'une espèce qui est très vulnérable à la surpêche. La morue du Pacifique pêchée en Alaska ou celle de l'Atlantique pêchée en Islande sont de meilleurs choix.

La morue n'est pas la seule espèce dans cette situation : l'aiglefin, le requin, le sébaste et les thons rouges, obèses et à nageoires jaunes sont également des espèces à éviter pour cette raison.

Le flétan et le thon : méthodes de pêche

Il existe une grande variété de méthodes utilisées par les pêcheurs selon les espèces visées. Certaines d'entre elles nuisent davantage aux espèces et aux écosystèmes que d'autres.

Le flétan est un poisson plat qui vit dans le fond des océans. Pour l'attraper, les pêcheurs utilisent une méthode nommée le chalutage de fond. Il s'agit d'installer un énorme filet dans le fond de l'eau, de le faire tenir par des poids pouvant peser plusieurs tonnes et de le tirer par des bateaux sur plusieurs kilomètres chaque jour. Après le passage d'un chalutier, les fonds marins, qui constituent des écosystèmes riches en biodiversité, sont complètement détruits. De plus, de nombreuses espèces non visées qui vivent dans le fond de l'eau sont tuées de façon involontaire. Le chalutage de fond est une technique tellement peu spécifique qu'entre 30 % et 70 % des espèces attrapées sont des prises accessoires, c'est-à-dire qu'elles ont été pêchées de façon accidentelle et sont simplement rejetées à la mer, mortes. Donc, consommer des poissons pêchés par un chalut de fond n'est pas considéré comme durable, même si l'espèce visée a un stock suffisant.

Le thon, quant à lui, est une espèce pélagique, c'est-à-dire qu'il vit en pleine mer. Pour le pêcher, il est possible d'utiliser des palangres. Il s'agit de longs fils pouvant mesurer plusieurs dizaines de kilomètres sur lesquels des hameçons sont accrochés. Cette méthode ne nuit pas aux fonds marins, mais, comme pour le chalutage de fond, elle est peu spécifique. En plus du thon, des tortues, des requins, des dauphins et même des oiseaux marins s'accrochent accidentellement sur ces hameçons et meurent.

La palangre de surface n'est pas une méthode de pêche durable.

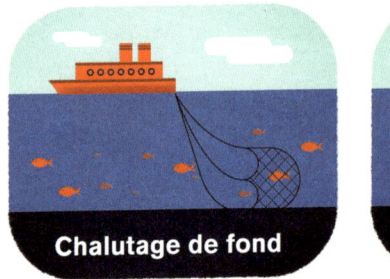

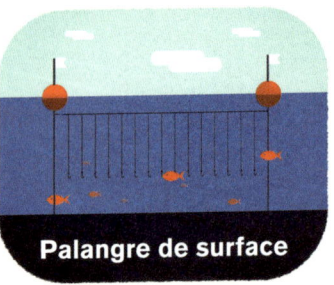

Chalutage de fond

Palangre de surface

De l'autre côté du spectre, on trouve des méthodes de pêche commerciale beaucoup plus spécifiques, comme la pêche à la canne ou à la traîne où de simples fils de pêche avec des hameçons et des appâts sont utilisés. Dès qu'un poisson mord la ligne, il est remonté. S'il s'agit d'une espèce non désirée, il est directement libéré et remis à l'eau.

Ainsi, ces méthodes de pêche sont durables et ont un impact bien moins important sur les espèces et l'environnement.

Pêche à la traîne

Le saumon de l'Atlantique : méthodes d'aquaculture

Si pêcher des poissons représente un stress sur les espèces et l'environnement, pourquoi ne pas alors se tourner vers les poissons issus de l'aquaculture ? En théorie, cela semble représenter une solution idéale, mais comme nous le démontre le cas du saumon de l'Atlantique, tout n'est pas aussi rose qu'on le croit.

Aujourd'hui, plus de 40 % des poissons et des fruits de mer que nous consommons proviennent de l'aquaculture. Au Canada, le saumon de l'Atlantique est l'espèce qu'on élève le plus et c'est donc l'espèce de saumon qu'on trouve le plus fréquemment en magasin.

Dans la très grande majorité des cas, l'élevage s'effectue en système ouvert, c'est-à-dire qu'on installe de grands filets dans l'océan où l'on élève les poissons. Tous les résidus de l'élevage, comme les excréments, se déversent directement dans l'océan. Comme les poissons ne vivent pas naturellement aussi près les uns des autres dans la nature, plusieurs maladies se propagent dans les élevages. Pour rester productifs, les aquaculteurs doivent ainsi utiliser des antibiotiques et des pesticides qui finissent, eux aussi, par se retrouver dans l'océan, polluant les écosystèmes et nuisant aux espèces environnantes. Si des poissons réussissent à s'échapper de l'enclos, ces derniers risquent de contaminer des bancs de poissons sauvages.

Bref, l'élevage en système ouvert est problématique et devrait être évité.

L'élevage en système fermé se fait dans des bassins, sur terre, où l'eau est réacheminée au bassin ou filtrée avant d'être retournée dans l'environnement. L'élevage en système fermé est donc considéré comme une pratique plus durable que l'élevage en système ouvert. Toutefois, le cas du saumon de l'Atlantique ne s'arrête pas là. Puisqu'il s'agit d'une espèce carnivore, il faut lui fournir de la moulée contenant des poissons sauvages. Certains chercheurs avancent qu'il faut environ cinq kilos de poisson pour produire un saumon d'un kilo. Ces poissons pourraient très bien nourrir des humains.

Vider l'océan d'une plus grande quantité de poissons pour en produire moins n'est absolument pas durable.

Cependant, l'aquaculture n'a pas que du mauvais. Certaines espèces peuvent être élevées de façon très durable, comme les moules, les huîtres, le pangasius ou le tilapia.

Le saumon génétiquement modifié

La compagnie AquaBounty Technologies, basée à Boston, a développé un saumon qui grossit deux fois plus vite que le saumon d'élevage traditionnel. Pour y parvenir, la compagnie a effectué des modifications génétiques sur le saumon de l'Atlantique à l'aide des gènes de deux autres poissons, soit le saumon du Pacifique et la loquette d'Amérique.

Les œufs sont produits au Canada, mais l'élevage se situe au Panama en bassins sur terre. Plusieurs groupes environnementaux craignent que des œufs de ce saumon génétiquement modifié soient introduits dans l'environnement par accident. Ce saumon serait plus compétitif que les espèces indigènes, et ces dernières risqueraient de se faire décimer.

De son côté, la compagnie AquaBounty Technologies affirme que les poissons produits seront stériles. Pourtant, selon l'évaluation de Pêches et Océans Canada des risques associés au saumon génétiquement modifié, jusqu'à 5% des individus pourraient toujours être fertiles. Une étude publiée en 2013 a conclu que lorsque la truite brune, une espèce apparentée au saumon de l'Atlantique, et le saumon génétiquement modifié s'hybridaient, 43% des alevins possédaient la modification génétique. Selon l'étude qui a tenté de reproduire des conditions naturelles de rivières, ces hybrides nuisent à la croissance des truites sauvages.

La vente commerciale de ce saumon génétiquement modifié n'a pas encore été acceptée au Canada ni aux États-Unis, mais pourrait l'être d'ici quelques années. Puisque les études environnementales ne sont pas suffisantes pour assurer la sécurité des habitats naturels, je préfère éviter de consommer du saumon génétiquement modifié.

Pour remplacer le saumon de l'Atlantique, je privilégie le saumon sauvage de l'Alaska, le saumon sauvage du Pacifique ou la truite arc-en-ciel (aussi appelée truite saumonée).

S'outiller pour pouvoir s'y retrouver

Maintenant qu'on a abordé les problématiques liées à la consommation des poissons et des fruits de mer, je suis certain qu'une question vous brûle la langue : « Mais qu'est-ce que je peux encore manger ?! » Pas de panique, il y a encore beaucoup d'espèces qu'on peut consommer sans problème.

Je vous l'accorde, ça fait beaucoup de détails à vous rappeler lors de votre prochaine visite chez le poissonnier. Même si je m'intéresse à ce sujet depuis longtemps, j'avoue parfois me questionner devant les étalages en essayant de me rappeler si telle espèce, pêchée de telle façon, est responsable ou non.

Heureusement, le programme Seafood Watch du Monterey Bay Aquarium émet des recommandations et a développé une application mobile fort utile.

Elle classe toutes les espèces de poissons comestibles les plus courantes selon les « meilleurs choix », les « bonnes alternatives » ou les espèces « à éviter ». En plus de tenir compte de la santé des espèces et des méthodes de pêche ou d'aquaculture, l'application détaille les provenances à privilégier. Les noms des poissons sont en anglais, en latin et en japonais. Donc, même au restaurant à sushis, vous pouvez faire des choix responsables.

Pour ceux qui n'ont pas de téléphone intelligent ou qui préfèrent le français, l'aquarium du Québec a développé un guide en format portefeuille gratuit et en français qui se base sur les analyses et recommandations de Seafood Watch. On peut télécharger le guide sur le site de l'aquarium du Québec, mais vous le trouverez plus facilement en tapant « menu bleu marin » dans un moteur de recherche.

S'assurer qu'on mange la bonne espèce

Avec les bons outils en main, il est plus facile de faire un choix éclairé et de se tourner vers des choix durables.

En 2013, l'organisme Oceana, qui travaille pour la conservation des océans, a effectué une étude de grande envergure aux États-Unis pour vérifier si les poissons vendus étaient bien étiquetés. Les chercheurs ont récolté 1200 échantillons dans des supermarchés et des restaurants, dont des restaurants de sushis.

Dans les supermarchés, 18 % des poissons étaient mal étiquetés. Dans les restaurants, ce pourcentage augmentait à 38 %. Les restaurants de sushis ont obtenu le pire résultat avec 74 % des poissons vendus sous un faux nom. Quelqu'un qui serait allé manger des sushis dans ces restaurants aurait mangé trois fois sur quatre une espèce différente de celle demandée.

La même année, *Le Journal de Montréal* a fait cet exercice au Québec. Les résultats obtenus étaient similaires à ceux d'Oceana.

Il est permis de se demander si nous sommes vraiment capables d'avoir des informations sur la provenance ou les méthodes de pêche ou d'aquaculture des poissons si nous ne connaissons même pas toujours leur espèce réelle.

Avant d'avoir à emporter des tests d'ADN au supermarché, il existe quand même quelques trucs pour vous assurer d'acheter l'espèce que vous désirez réellement.

Achetez les poissons entiers. De cette façon, vous pouvez vous assurer que c'est la bonne espèce. À l'aide des illustrations de

SeaFood Watch, vous devriez être en mesure de reconnaître l'espèce. Vous pouvez ensuite demander au poissonnier de vous préparer le poisson.

Posez des questions aux gens qui vous vendent les poissons. Demandez de quelle façon ils ont été pêchés, d'où ils proviennent, de quelle espèce il s'agit. Si le poissonnier a de la difficulté à répondre à ce genre de questions, c'est que les informations importantes ne se sont peut-être pas transmises du pêcheur jusqu'à lui, le long de la chaîne d'intermédiaires. C'est mauvais signe.

Recherchez les certifications. Il en existe quelques-unes qui sont reconnues comme étant fiables par Seafood Watch. Parmi celles-ci se trouvent le logo «Biologique Canada» apposé sur certains fruits de mer et le logo du Marine Stewardship Council (MSC). Lorsque vous achetez des produits qui affichent le logo d'un de ces organismes, vous êtes assuré que des vérifications ont été effectuées et que le produit vendu est non seulement le bon, mais qu'il est également plus respectueux de l'environnement.

Cuisiner les petits poissons

Les petits poissons comme le hareng, le maquereau et la sardine ne sont pas que de la nourriture à saumon d'élevage! Ce sont des choix alimentaires super intéressants : ils sont très nutritifs, ils ne coûtent presque rien, ils contiennent très peu de contaminants et ils se reproduisent rapidement. Évidemment, comme n'importe quel poisson, lorsque la pêche devient trop importante, il y a des risques pour la santé de l'espèce. Cependant, si c'était les humains qui les mangeaient, plutôt que les poissons d'élevage, leur pêche n'en serait que plus efficace.

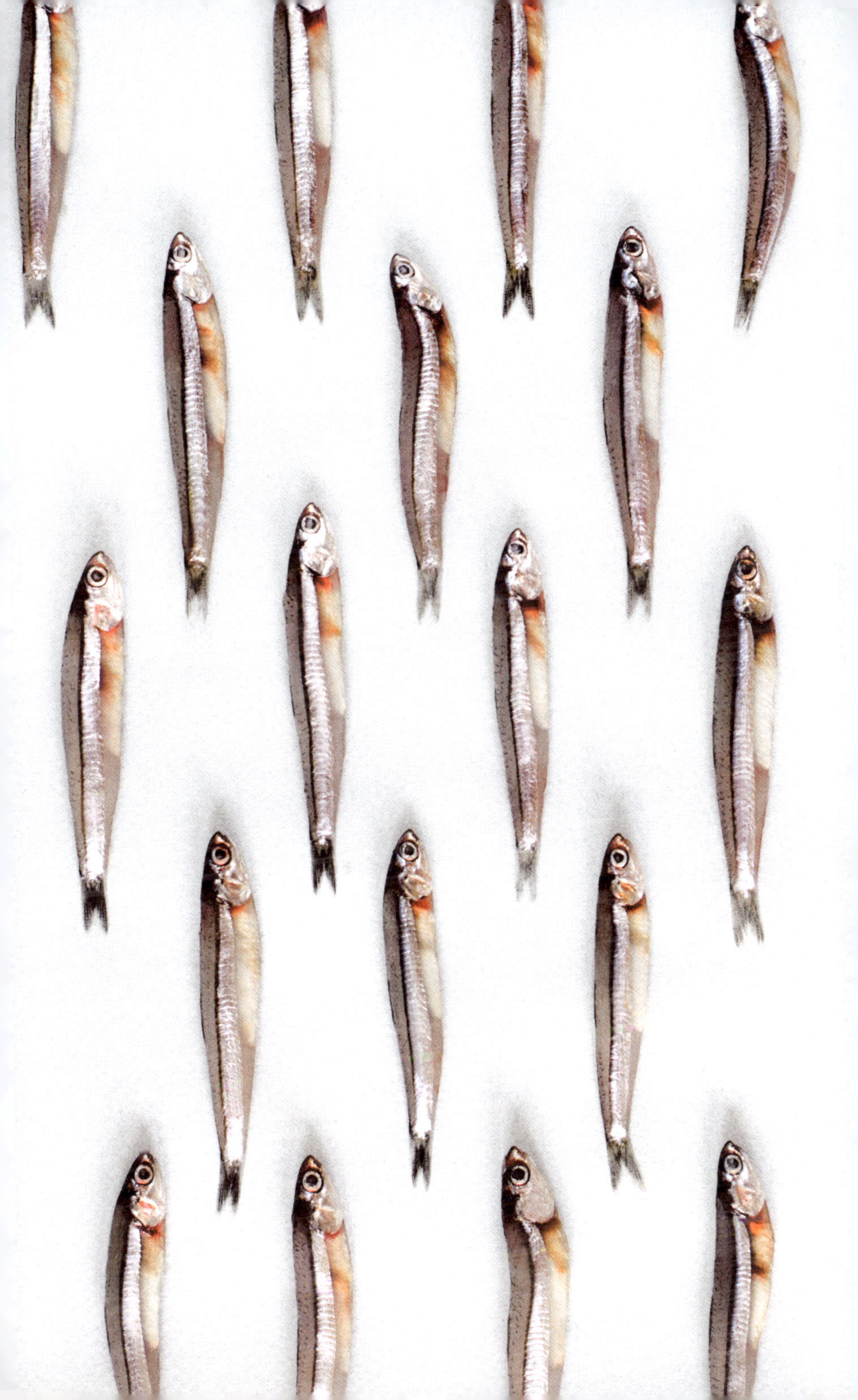

Ces poissons sont pourtant souvent mal aimés et sont considérés comme moins «nobles» que le saumon, la truite ou le thon. J'avais le même avis avant de savoir comment bien préparer ces poissons. Maintenant, je ne pourrais plus m'en passer! Les conserves de sardines sont un incontournable dans mon garde-manger.

Voici une recette de sardines qui saura vous convaincre que vous les avez exclues de votre alimentation pendant trop longtemps.

RECETTE

Rillettes de sardines express

PORTIONS	PRÉPARATION
pour garnir environ 4 sandwichs	5 minutes

Ingrédients

2 boîtes de sardines* (106-120g) dans l'huile, égouttées	30 ml (2 c. à soupe) de basilic frais haché
½ citron (le zeste et le jus)	30 ml (2 c. à soupe) de coriandre fraîche hachée
60 ml (¼ tasse) de yogourt nature (ou fromage frais)	30 ml (2 c. à soupe) d'huile d'olive
2 oignons verts hachés finement	Sel et poivre

Préparation

1. Dans un bol, mélanger tous les ingrédients à l'aide d'une fourchette, comme pour préparer une salade de thon.

2. Rectifier l'assaisonnement et utiliser les rillettes en sandwich (comme pour le thon) ou encore la servir dans un ramequin avec des croûtons pour l'apéritif.

* Pour que la recette soit fidèle à son titre d'« express », ne vous donnez pas la peine d'enlever la peau et les arêtes ; c'est une perte de temps et de valeur nutritive. Autant la peau que les arêtes fines des sardines en conserve disparaissent dans le mélange, on ne les sent absolument pas une fois les rillettes de sardine bien mélangées. Par ailleurs, on récolte la richesse en calcium des arêtes et surtout le gain de temps !

Choisir une conserve de thon durable

Selon l'Union internationale pour la conservation de la nature, sur les huit espèces de thon, six sont menacées ou quasi menacées : le thon rouge du Pacifique, le thon rouge de l'Atlantique, le thon rouge du Sud, le thon obèse, le thon jaune et le thon germon.

Les conserves de thon sont populaires dans de nombreux foyers. Plusieurs les considèrent comme des aliments pratiques à avoir sous la main. Pourtant, notre appétit pour ces poissons nuit gravement à la survie des espèces. En effet, au Canada, les principales espèces de thon qu'on trouve dans les conserves sont le thon listao, le thon jaune et le thon germon.

Depuis quelques années, l'organisme Greenpeace Canada publie un classement des conserves de thon qui tient compte de sept critères liés à l'aspect durable, comme l'espèce retrouvée dans la conserve, la méthode de pêche, les politiques de l'entreprise en matière de durabilité et la clarté de ces informations retrouvées sur l'étiquette.

CLASSEMENT DES MARQUES DE CONSERVES DE THON SELON LEUR NIVEAU D'ÉCORESPONSABILITÉ

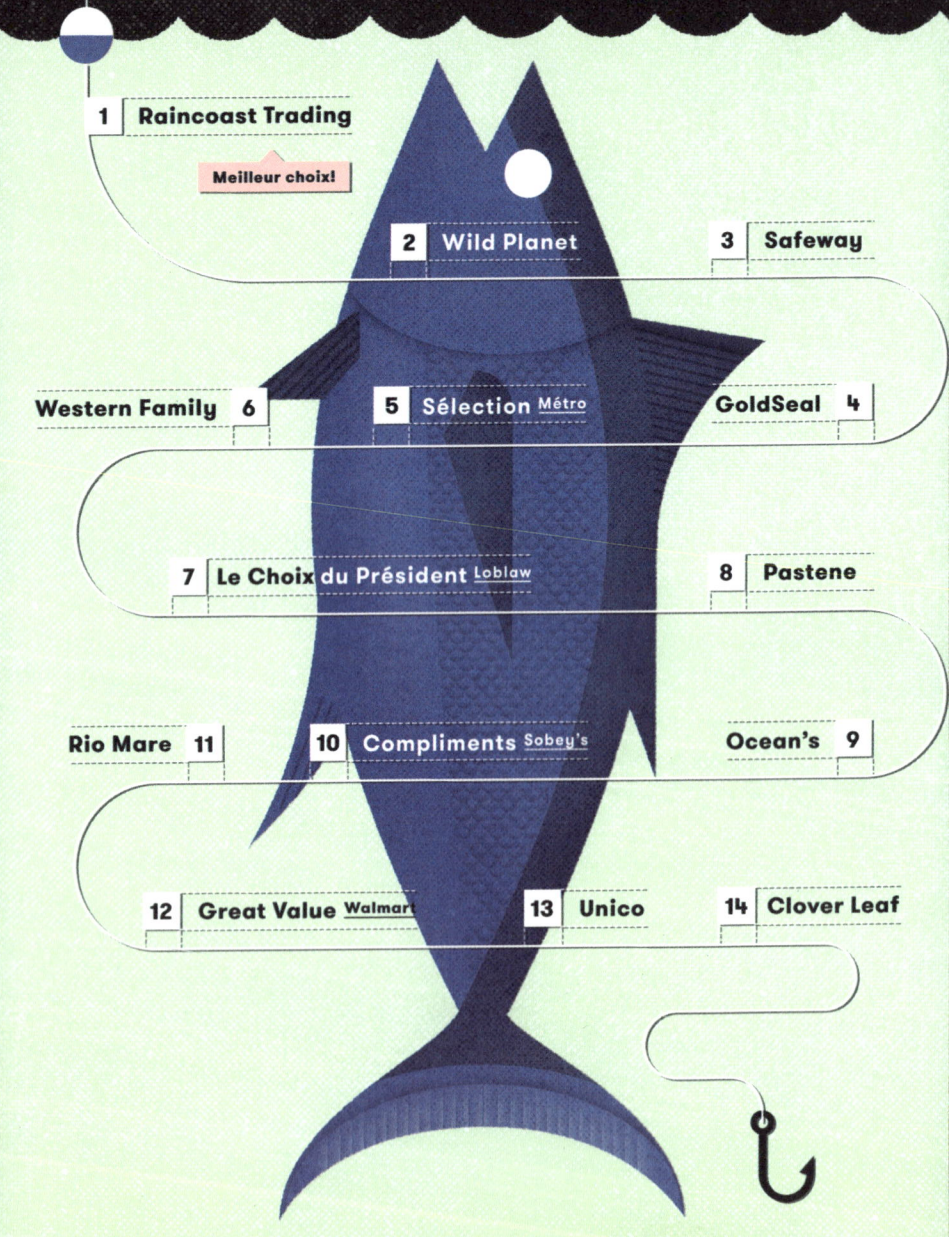

1. Raincoast Trading — **Meilleur choix!**
2. Wild Planet
3. Safeway
4. GoldSeal
5. Sélection Métro
6. Western Family
7. Le Choix du Président Loblaw
8. Pastene
9. Ocean's
10. Compliments Sobey's
11. Rio Mare
12. Great Value Walmart
13. Unico
14. Clover Leaf

Vous trouverez le classement le plus à jour sur le site de Greenpeace Canada.

CHOISIR LA PÊCHE DURABLE

En choisissant les conserves qui se retrouvent en haut du palmarès, vous permettez de diminuer la pression exercée sur les espèces vulnérables et vous encouragez les compagnies qui nuisent le moins l'environnement.

En 2014, Greenpeace Canada a développé une application mobile pour vous permettre d'avoir accès à l'information sur l'écoresponsabilité des conserves de thon en tout temps. Au début de 2015, l'organisme présentait 19 produits comme les options à privilégier. Vous pouvez télécharger l'application mobile «Thon : Guide d'achat écoresponsable» sur leur site.

Acheter un poisson ou des fruits de mer de saison

On sait que chaque fruit ou légume est habituellement abondant à une certaine période de l'année. Toutefois, moins nombreux sont ceux qui suivent les saisons quand vient le temps de choisir des poissons ou des fruits de mer.

En fixant des saisons de pêche et des quotas particuliers, on aide à préserver les stocks de poissons et de fruits de mer.

En achetant des poissons et des fruits de mer de saison pêchés au Québec, vous vous procurez des produits qui ont moins voyagé et qui seront nécessairement plus frais. Lors de votre prochaine visite à la poissonnerie, fiez-vous à ce calendrier. Il comprend également certaines espèces que vous pouvez aller pêcher vous-même en eau douce.

Découvrir des espèces locales

Saviez-vous qu'il existe une panoplie d'espèces marines vivant dans le Saint-Laurent qui sont comestibles, présentes en quantité suffisante et dont les techniques de pêche sont respectueuses de l'environnement ?

La mission de l'organisme Exploramer, qui a mis sur pied le programme Fourchette bleue en 2009, est de faire connaître ces espèces au public. Chaque année, l'organisme publie une liste d'espèces marines (poissons, fruits de mer, mammifère et algues) qui sont considérées comme des choix durables.

CALENDRIER DES POISSONS ET FRUITS DE MER DE SAISON

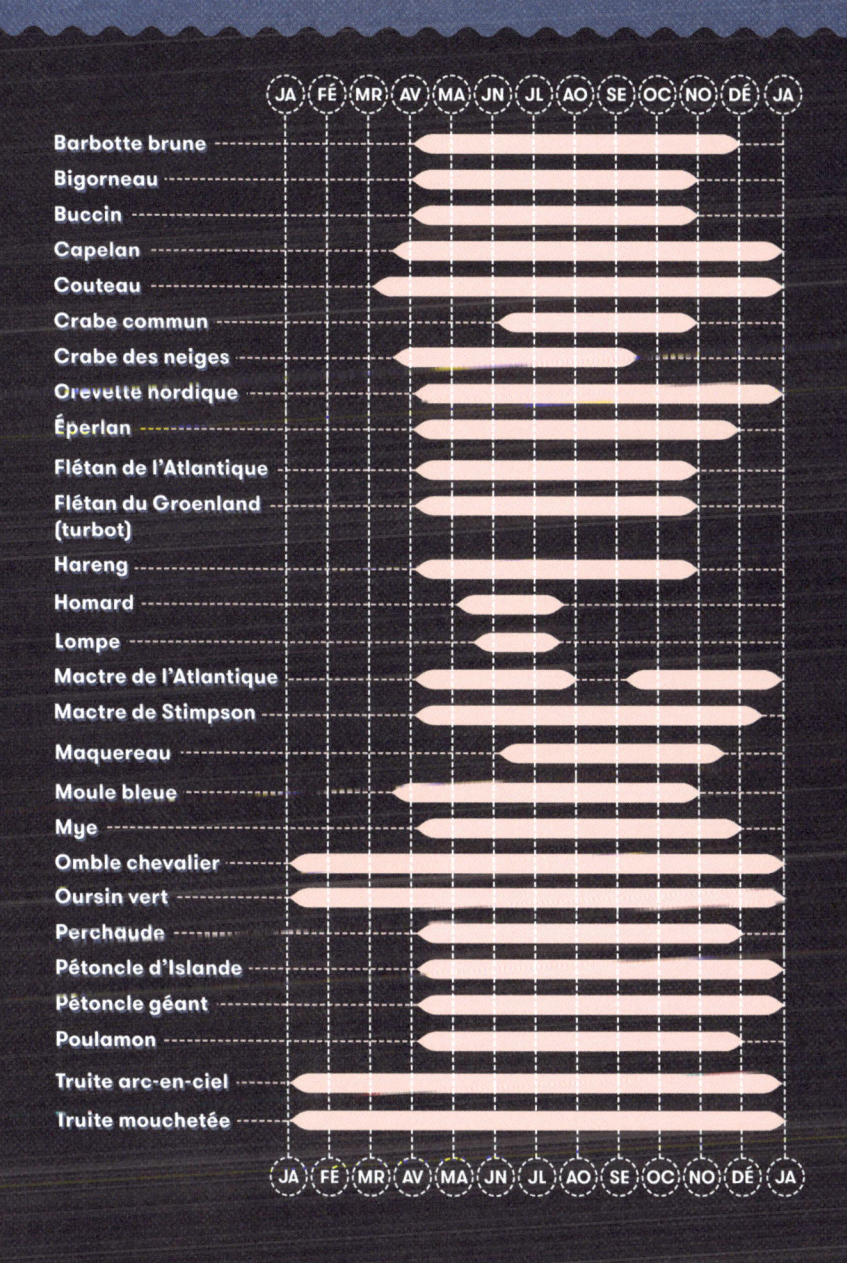

Espèce	JA	FÉ	MR	AV	MA	JN	JL	AO	SE	OC	NO	DÉ	JA
Barbotte brune				■	■	■	■	■	■	■			
Bigorneau				■	■	■	■	■	■	■	■		
Buccin				■	■	■	■	■	■	■	■		
Capelan				■	■	■	■	■	■	■	■	■	
Couteau				■	■	■	■	■	■	■	■	■	
Crabe commun					■	■	■	■	■				
Crabe des neiges				■	■	■	■						
Crevette nordique				■	■	■	■	■	■	■	■		
Éperlan				■	■	■	■	■	■	■	■	■	
Flétan de l'Atlantique				■	■	■	■	■	■	■			
Flétan du Groenland (turbot)				■	■	■	■	■	■	■	■		
Hareng				■	■	■	■	■	■	■	■	■	
Homard				■	■	■	■						
Lompe					■	■							
Mactre de l'Atlantique				■	■	■	■		■	■	■		
Mactre de Stimpson				■	■	■	■	■	■	■	■		
Maquereau						■	■	■	■	■			
Moule bleue				■	■	■	■	■	■	■	■	■	
Mye				■	■	■	■	■	■	■	■		
Omble chevalier	■	■	■	■	■	■	■	■	■	■	■	■	■
Oursin vert	■	■	■	■	■	■							
Perchaude				■	■	■	■	■	■	■	■		
Pétoncle d'Islande				■	■	■	■	■	■	■	■	■	
Pétoncle géant				■	■	■	■	■	■	■	■		
Poulamon				■	■	■	■	■	■	■	■		
Truite arc-en-ciel	■	■	■	■	■	■	■	■	■	■	■	■	■
Truite mouchetée		■	■	■	■	■	■	■	■	■	■	■	

Ces espèces ne sont pas toutes en vente dans les supermarchés, mais n'hésitez pas à les demander à votre poissonnier.

Poissons et fruits de mer

Baudroie d'Amérique	Flétan du Groenland (turbot)
Bigorneau (littorine)	Hémitriptère atlantique
Buccin commun (bourgot)	Huître de mariculture
Calmar du Saint-Laurent	Loquette d'Amérique
Capelan	Mactre de Stimpson
Chaboisseaux sp.	Mactre de l'Atlantique
Clovisse arctique	Moule bleue de mariculture
Couteau droit	Mye commune de mariculture
Crabe araignée	Oursin vert
Crabe commun	Pétoncle géant de mariculture
Flétan atlantique	

Mammifères

Phoque du Groenland	Phoque gris

Algues

Alarie succulente	Laminaire sp.
Entéromorphe	Main de mer palmée
Fucus sp.	Mousse d'Irlande
Laitue de mer	Nori (porphyra miniata)

Les restaurants et poissonneries qui offrent ces produits peuvent être certifiés par l'organisme. Pour plus d'informations sur le programme Fourchette bleue et pour connaître les endroits qui vendent ces produits, consultez leur site Web.

Manger moins transformé

Je suis certain que vos grands-mères ou vos arrière-grands-mères étaient des pros en cuisine. Pour ma part, ma grand-mère l'est vraiment !

Avant l'industrialisation du système agroalimentaire, on se fiait à nos amis, à notre famille, à nos voisins ou à nous-mêmes pour produire et préparer les aliments. Je n'ai pas connu cette époque, et il est très improbable qu'on retourne à 100 % à ces pratiques. Le fait d'avoir industrialisé le système agroalimentaire a certainement eu des bénéfices sur d'autres aspects de la vie puisqu'aujourd'hui, on n'a plus besoin de passer autant de temps à préparer la nourriture.

Cependant, en nous fiant à l'industrie pour nous nourrir, nous avons totalement perdu le lien « de la terre à la table ». Il est difficile de savoir comment et où les aliments ont été produits. Et avouons-le, même quand on lit les étiquettes, on ne reconnaît pas toujours tous les ingrédients.

Il ne faut pas mettre tous les aliments transformés dans le même panier. Certains d'entre eux peuvent être nutritifs et avoir un impact positif sur notre santé, mais je ne le répéterai jamais assez : il faut reprendre le contrôle de nos cuisines et arrêter de nous fier seulement à l'industrie pour nous nourrir.

Tout au long du livre, plusieurs trucs et conseils impliquent que vous vous mettiez aux fourneaux. C'est un incontournable. Se cuisiner un repas avec des aliments frais, locaux et de saison, et savoir exactement ce qu'on mange, c'est la première brique à placer pour bâtir un système alimentaire durable.

Choisir les aliments transformés les plus nutritifs

Si retourner dans la cuisine est une façon de moins dépendre de l'industrie agroalimentaire, il est utopique de croire que nous pouvons nous passer totalement des aliments transformés.

Ainsi, se familiariser avec la liste d'ingrédients des aliments est une façon de faire des choix éclairés. Quand on achète sans vraiment se préoccuper de ce qui se trouve dans les aliments, on laisse l'industrie décider de ce qui est bon pour nous.

Qu'on pense au sirop de glucose-fructose (aussi connu sous le nom de sirop de maïs), aux édulcorants de synthèse ou à l'huile de palme, plusieurs ingrédients, dont des additifs alimentaires, peuvent avoir un impact sur l'environnement et notre santé.

Personnellement, quand vient le temps de choisir des aliments transformés, je me fie toujours aux cinq recommandations de Marion Nestle, professeure au département de nutrition de l'Université de New York et auteure d'une panoplie de livres à succès sur l'alimentation (oui, je suis un grand fan !). Même si les recommandations ont été élaborées dans le but de choisir des aliments nutritifs, on se rend rapidement compte que les aliments qui correspondent à ces critères sont également plus respectueux de l'environnement.

Les cinq règles de Marion Nestle

1. Évitez les aliments qui contiennent plus de cinq ingrédients.

2. Évitez les ingrédients dont vous ne pouvez pas prononcer le nom.

3. Évitez les ingrédients artificiels.

4. Évitez les aliments qui ont des personnages sur les emballages.

5. Évitez les aliments qui ont des allégations santé.

Arrêter d'acheter des aliments transformés

Maintenant que vous savez comment choisir facilement des aliments moins transformés et plus nutritifs, pourquoi ne pas passer à la prochaine étape ?

C'est certain qu'il peut être pratique d'avoir sous la main des aliments prêts-à-manger. Et ce n'est pas parce qu'ils sont transformés qu'ils ne sont pas nutritifs. Cependant, les aliments transformés nécessitent beaucoup d'énergie au cours de leur « vie » : culture/élevage, transformation, emballage, transport…

Si je vous disais d'arrêter d'acheter tous les aliments transformés que vous avez l'habitude d'avoir à la maison, vous me traiteriez de fou, avec raison. Modifier une habitude, ça se fait une étape à la fois. Voilà pourquoi je vous invite à essayer de cesser d'acheter un aliment transformé habituel.

Pensez à un aliment transformé que vous avez toujours à la maison, mais qui n'est pas vraiment nutritif ou que vous achetez simplement par habitude. On en a tous un! Vous avez trouvé? Lors de votre prochaine épicerie, évitez de le placer dans votre panier de façon machinale.

Huile de palme durable?

L'huile de palme est extraite du palmier à huile, une plante originaire de l'Afrique de l'Ouest. On presse les fruits pour en extraire l'huile, qui est ensuite raffinée pour être utilisée dans plusieurs produits transformés. On trouve notamment l'huile de palme dans les gâteaux, les biscuits, les chocolats, les margarines et les tartinades.

L'Indonésie et la Malaisie sont responsables de plus de 80 % de la production mondiale de cette denrée alimentaire. Pour faire place aux plantations de palmiers à huile, des millions d'hectares de forêts et de tourbières, qui jouent des rôles écologiques importants, ont été rasés, et ils le sont encore. Il a été démontré à plusieurs reprises que les plantations de palmiers à huile nuisaient gravement à la biodiversité.

Plusieurs chercheurs étudient des façons de cultiver cette plante de façon plus durable puisqu'elle représente une source de revenus importante pour les communautés qui la cultivent. En utilisant moins de produits de synthèse, comme les herbicides, ou en s'assurant de conserver les forêts d'origine aux bordures des plantations, les agriculteurs pourraient diminuer les effets néfastes de la monoculture. La partie est toutefois loin d'être gagnée.

En 2003 est né l'organisme sans but lucratif Roundtable on Sustainable Palm Oil (RSPO). Son but est de certifier des plantations de palmiers à huile qui répondent à divers critères liés au respect de l'environnement. En 2013, 15 % de l'huile de palme était certifiée par la RSPO.

Cette certification est très controversée, notamment parce qu'elle émane de l'industrie elle-même. Pour pouvoir recevoir l'approbation de la RSPO, il faut démontrer que la plantation n'est pas effectuée au détriment d'une «forêt de conservation de grande valeur». Selon l'organisme WorldWatch Institute, cette définition vague permettrait aux pays de l'interpréter à leur façon et mènerait à des abus. Ainsi, il est toujours possible de procéder à de la déforestation, mais d'être accrédité.

Tant que les critères de la RSPO ne deviendront pas plus stricts, il vaut peut-être mieux se tenir loin des produits contenant de l'huile de palme.

Cuisiner une version « maison » d'un aliment transformé

C'est bien beau d'éliminer un à un les aliments transformés de notre alimentation, mais il y en a tout de même qu'on aime. Ce serait un peu dommage de s'en priver. Pourquoi ne pas apprendre à les faire soi-même ?

Dans mon cas, c'est certainement la fameuse tartinade choco-noisettes «dont-on-ne-doit-pas-prononcer-le-nom». À voir le nombre de recettes de ce type de tartinade exploser dans les dernières années, je crois que je ne suis pas le seul à avoir décidé de tenter l'expérience. Oui, c'est certainement plus long de la préparer que d'acheter un pot au supermarché, mais le goût est imbattable et, point principal, elle ne contient pas d'huile de palme!

Préparer cette tartinade, c'est un geste concret que je fais pour moins dépendre de l'industrie.

RECETTE — Tartinade choco-noisettes

RENDEMENT
environ 325 ml (1 ¼ tasse)

CUISSON
10 minutes

Ingrédients

60 g (2 oz/2 carrés) de chocolat noir

30 ml (2 c. à soupe) de cacao de qualité

60 ml (¼ tasse) de lait

5 ml (1 c. à thé) de vanille

90 ml (6 c. à soupe) de sirop d'érable

125 ml (½ tasse) de beurre de noisettes

Une pincée de fleur de sel

Préparation

1. Dans un bol posé sur un bain-marie, placer le chocolat.

2. Pendant qu'il commence à fondre, dans une tasse, délayer le cacao dans une petite quantité des 60 ml de lait. Lorsque le mélange est homogène et onctueux, ajouter le reste du lait et la vanille.

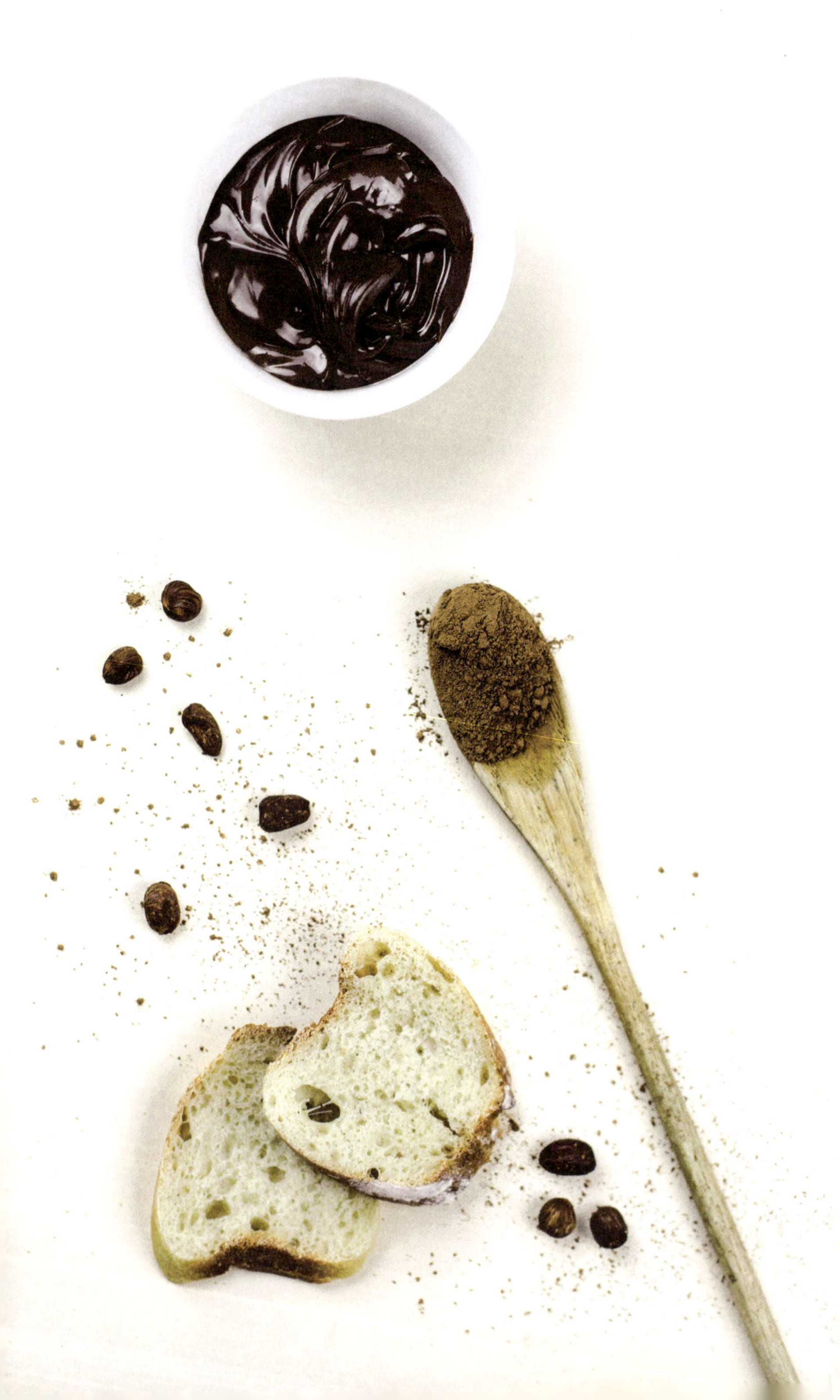

3. Ajouter ce lait parfumé au chocolat en train de fondre et bien mélanger à l'aide d'une spatule.

4. Lorsque le chocolat est fondu et que la texture du mélange est homogène, retirer le bol du bain-marie et ajouter le sirop d'érable, le beurre de noisette et la pincée de sel.

5. Mélanger vigoureusement jusqu'à ce que la texture soit parfaitement lisse.

6. Verser dans un contenant réutilisable et laisser tempérer à la température de la pièce.

7. Une fois la tartinade refroidie, la conserver au réfrigérateur.

Ne pas tomber dans le piège du «naturel»

Bien qu'on le trouve sur plusieurs produits alimentaires, le terme «naturel» ne signifie pas nécessairement que l'aliment provient directement de la nature, qu'il est meilleur pour la santé ou que son impact environnemental est minime.

Par exemple, du thon rouge pêché avec des méthodes qui détruisent les écosystèmes marins pourrait être commercialisé comme du «thon rouge naturel».

Les aliments qui subissent beaucoup de transformations ne peuvent pas être qualifiés de «naturels», mais ils peuvent contenir des additifs «naturels» et les fabricants se permettent de l'écrire en gros sur leur étiquette. Par exemple, au lieu d'ajouter directement des nitrites, un agent de conservation, des producteurs de charcuteries se tournent vers des extraits de céleri qui sont naturellement riches en nitrites. Les étiquettes de ces charcuteries ont le droit de porter des allégations telles que «contient des ingrédients naturels», mais encore une fois, ce n'est pas parce que le terme «naturel» se trouve sur l'emballage que cela signifie que sa production respecte la nature!

Bref, quand vous voyez le terme «naturel» et ses dérivés sur les emballages de produits, souvenez-vous de bien évaluer les ingrédients qu'ils contiennent et ne vous fiez pas qu'à ces mots pour vous laisser convaincre de l'acheter!

Éviter le sucralose

Le sucralose est un édulcorant artificiel introduit en 1991 qui se retrouve dans plus de 4 000 produits au Canada. Il est également vendu comme substitut du sucre sous le nom de Splenda. La majorité du sucralose que nous mangeons n'est pas métabolisé dans le corps. Cela signifie qu'une fois consommée, la molécule est éliminée directement dans l'urine et dans les selles, inchangée.

Ainsi, le sucralose se retrouve dans les eaux usées qui se déversent dans les usines d'épuration. Le problème, c'est que le sucralose se retrouve toujours dans l'eau qui sort des usines d'épuration et est ainsi introduit dans l'environnement et dans l'eau potable. Cet édulcorant est rapidement devenu un des polluants de source humaine les plus présents dans l'eau potable et il se trouve de plus en plus dans l'environnement.

Très peu d'études se sont penchées, jusqu'à présent, sur l'impact du sucralose sur les différents organismes aquatiques. Selon les quelques recherches qui existent, les cours d'eau ne seraient pas encore suffisamment pollués pour que le sucralose ait un effet négatif sur la faune et la flore aquatique. Cependant, si la consommation de cette molécule augmentait avec le temps, la situation pourrait changer. Les chercheurs sont toutefois assez clairs sur ce point: il manque encore beaucoup d'études pour être certains que l'impact de ce polluant est négligeable.

Les aliments sucrés avec des édulcorants de synthèse ont habituellement deux objectifs: aider à diminuer l'apport en calories (maintenir ou perdre le poids) et aider à contrôler le diabète. L'Academy of Nutrition and Dietetics a conclu en 2012 que la consommation d'édulcorants de synthèse n'avait que peu d'effets sur le poids et que les preuves de leur effet sur le contrôle de la glycémie étaient très minces. De leur côté, l'American Heart Association ainsi que l'American Diabetes Association affirment que l'impact du sucralose sur le poids n'est pas prouvé chez l'humain. Pour moi, c'est une autre bonne raison de plutôt continuer à consommer, de temps en temps, des aliments sucrés avec du «vrai» sucre.

Produire moins de déchets

De 2006 à 2012, au Québec, la quantité de déchets éliminés par habitant annuellement a diminué de 156 kilos, passant de 880 kilos par année à 724 kilos. Cette diminution est substantielle et permet d'espérer que l'objectif gouvernemental pour 2015 de faire baisser la quantité de déchets éliminés à moins de 700 kilos par habitant sera atteint. Cependant, cette diminution s'explique en grande partie par la meilleure gestion des déchets (recyclage, compostage) plutôt que par une moins grande production de déchets.

On pourrait toutefois encore diminuer la quantité de déchets qu'on envoie au dépotoir, et la meilleure façon de le faire est souvent de moins consommer. Les premiers trucs de cette section s'attaquent à ce sujet.

Déchets organiques

Les principaux déchets organiques produits par une ville sont les résidus verts (feuilles, branches et résidus de jardin), les résidus alimentaires, les boues d'usine d'épuration des eaux usées et les boues d'installations septiques.

Malgré une légère amélioration dans les dernières années, seulement 29 % des déchets organiques ont été recyclés en 2012. Parmi ces déchets se trouvent les résidus alimentaires qui représentent toujours une part importante des déchets voyageant vers les dépotoirs. Ces résidus représenteraient environ 23 % des déchets produits à la maison

Les déchets organiques enfouis causent deux principaux problèmes : ils contaminent les plans d'eau et émettent des gaz à effet de serre.

Le processus de décomposition des matières organiques produit beaucoup de liquide et de résidus. Lorsqu'il pleut ou quand la neige fond, ces grandes quantités d'eau pénètrent dans le sol où sont enfouis les déchets et amènent avec elles ces résidus jusque dans des nappes d'eau souterraines ou de surface. Ce liquide appelé lixiviat contient des matières organiques et il est très acide. À cause de cette acidité, le lixiviat peut dissoudre des matériaux enfouis et ainsi répandre des métaux lourds dans l'environnement.

De plus, les déchets organiques enfouis sont dégradés par des bactéries qui produisent du gaz carbonique et du méthane. Ces gaz sont libérés dans l'atmosphère et participent au réchauffement climatique. On estime que les déchets organiques relâchent 6 % des gaz à effet de serre du Québec.

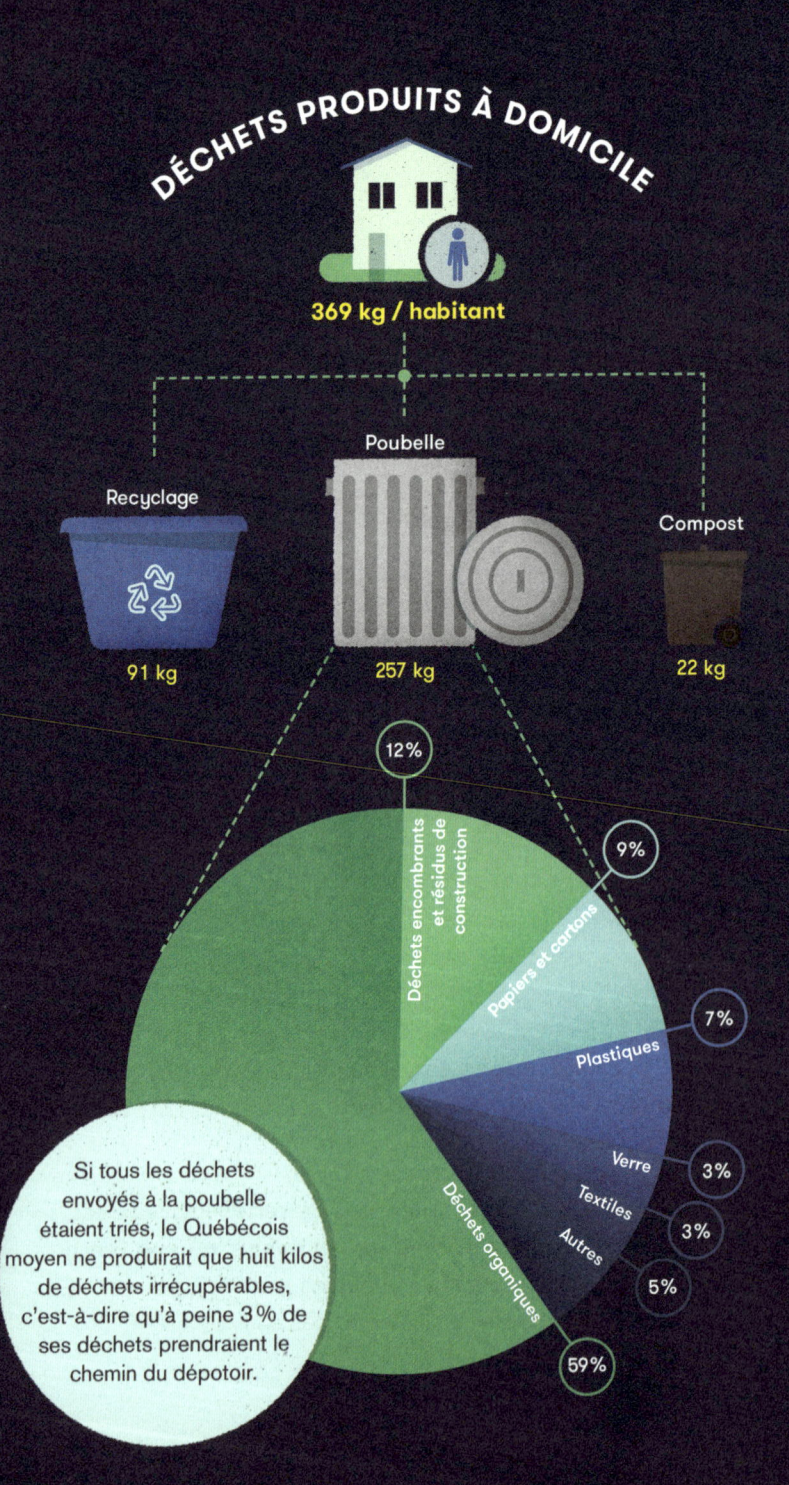

DÉCHETS PRODUITS À DOMICILE

369 kg / habitant

- Recyclage — 91 kg
- Poubelle — 257 kg
- Compost — 22 kg

Composition de la poubelle

- Déchets encombrants et résidus de construction : 12 %
- Papiers et cartons : 9 %
- Plastiques : 7 %
- Verre : 3 %
- Textiles : 3 %
- Autres : 5 %
- Déchets organiques : 59 %

> Si tous les déchets envoyés à la poubelle étaient triés, le Québécois moyen ne produirait que huit kilos de déchets irrécupérables, c'est-à-dire qu'à peine 3 % de ses déchets prendraient le chemin du dépotoir.

Les derniers trucs de cette section donnent quelques idées pour diminuer la quantité de déchets alimentaires que nous produisons, mais vous en trouverez également beaucoup dans la section « Diminuer le gaspillage alimentaire ».

Garder des bouteilles d'eau réutilisables au réfrigérateur

Au Québec, en 2005, un peu plus d'une bouteille d'eau sur deux (57 %) consommée à domicile aurait été recyclée. Cette année-là, 166 millions de ces bouteilles se sont ainsi retrouvées dans les dépotoirs québécois. C'est sans compter toutes celles consommées ailleurs qu'à la maison !

En comptant l'eau qu'elle contient et celle utilisée pour sa production, une bouteille d'eau en plastique d'un litre représente trois litres d'eau et du pétrole pour la fabrication du plastique et le transport.

Une des principales raisons évoquées par les consommateurs pour justifier leur consommation de bouteilles d'eau à domicile est l'accès à de l'eau refroidie. Ainsi, garder une bouteille d'eau réutilisable ou un pichet d'eau au réfrigérateur est la meilleure façon d'avoir de l'eau froide à portée de la main. Il est important de les nettoyer après chaque utilisation avec du savon pour éviter que les bactéries prolifèrent !

J'ai toujours deux ou trois bouteilles de verre remplies d'eau au réfrigérateur. Lorsque j'oublie de les remplir ou que j'en bois beaucoup d'un coup, je mets quelques glaçons dans mon verre d'eau. Pas trop compliqué, n'est-ce pas ?

Adopter les sacs réutilisables

On utilise beaucoup moins de sacs en plastique qu'avant. Entre 2007 et 2010, leur utilisation a chuté de 52 %, passant de 2,2 milliards de sacs par année à 1 milliard. Pourquoi ? Parce que les sacs réutilisables ont littéralement envahi les supermarchés dans la dernière décennie ! Leur impact environnemental est beaucoup moins important que celui des sacs de plastique traditionnels.

Idéalement, choisissez des sacs réutilisables fabriqués au Québec à partir de matériaux recyclés ou en tissu. Pour en avoir toujours un avec vous, laissez-en un peu partout : dans votre sac, à la maison, au bureau, dans votre voiture…

Si vous oubliez votre sac réutilisable et que vous devez aller faire l'épicerie, évaluez toujours si le sac de plastique est nécessaire. Si vous avez un ou deux produits, vous pouvez certainement les garder dans vos mains. Trois ou quatre : reste-t-il un peu de place dans votre sac à dos ? Votre sac à main ?

Nettoyez vos sacs réutilisables

Il est très important de nettoyer régulièrement vos sacs réutilisables, car il s'agit d'un milieu propice à la croissance de bactéries. Un peu de jus de viande a coulé, on met les légumes par-dessus sans s'en rendre compte, voilà qu'on vient de contaminer nos aliments. Les sacs réutilisables se lavent à la main et plusieurs d'entre eux vont également à la machine à laver.

PRODUIRE MOINS DE DÉCHETS

Dire non aux emballages

La plupart du temps, il est possible de trouver des aliments sans emballage sur les étals des marchés et des supermarchés. Évitez autant que possible les fruits et les légumes posés sur une barquette de styromousse et enrobés de cellophane.

Saviez-vous qu'il n'est pas nécessaire de mettre vos fruits et vos légumes dans des sacs de plastique pour les payer à la caisse ? Vous n'avez qu'à regrouper vos achats au moment de payer pour faciliter la tâche de la personne qui travaille à la caisse. Pratiquement partout au Québec, on trouve des magasins qui vendent des aliments en vrac : céréales, pâtes, grains, sucre, noix, fruits séchés, légumineuses, graines à germer, café, etc. La liste est longue ! Si vous utilisez des contenants réutilisables pour y mettre vos achats, vous minimisez la quantité d'emballages. En plus, puisque vous pouvez décider de la quantité que vous achetez, vous pouvez planifier vos achats en conséquence et diminuer le gaspillage alimentaire !

Organiser un pique-nique écolo

C'est probablement un mélange d'excitation et de manque de place dans nos appartements montréalais qui provoque, chez mes amis et moi, une envie immédiate de sortir manger dans les parcs de la ville dès que le beau temps vient réchauffer la métropole.

Chaque souper est une occasion d'aller s'asseoir dans l'herbe et les anniversaires estivaux n'y échappent pas non plus. Bref, je suis accro aux pique-niques.

Les assiettes en carton, les serviettes de papier, les verres et les ustensiles en plastique sont certes très pratiques. Sauf qu'à force de répéter l'expérience, ça fait vraiment trop de déchets pour que ma conscience me laisse tranquille.

Voici donc des objets que chaque pique-niqueur devrait emporter pour un pique-nique à impact écologique réduit.

Panier de pique-nique écolo !

Sac réutilisable

Une couverture ou une nappe

ou pas d'assiettes : j'aime le « finger food » pour cette raison !

facultatif : rompre à la main fait souvent l'affaire

Verres en plastique réutilisables

Assiettes en plastique réutilisables

Couteau à dents pour le pain

Serviettes de table en tissu

Couteaux sans dents pour les fromages

Cuillère et fourchette

Ouvre-bouteille

indispensable !

On ne s'en sort pas, il y aura des choses à jeter. Tentez de rapporter le recyclage avec vous s'il n'y a pas de bacs prévus à cet effet dans le parc.

Sac de poubelles

Bouteilles d'eau réutilisables

il y a souvent des fontaines dans les parcs pour les remplir

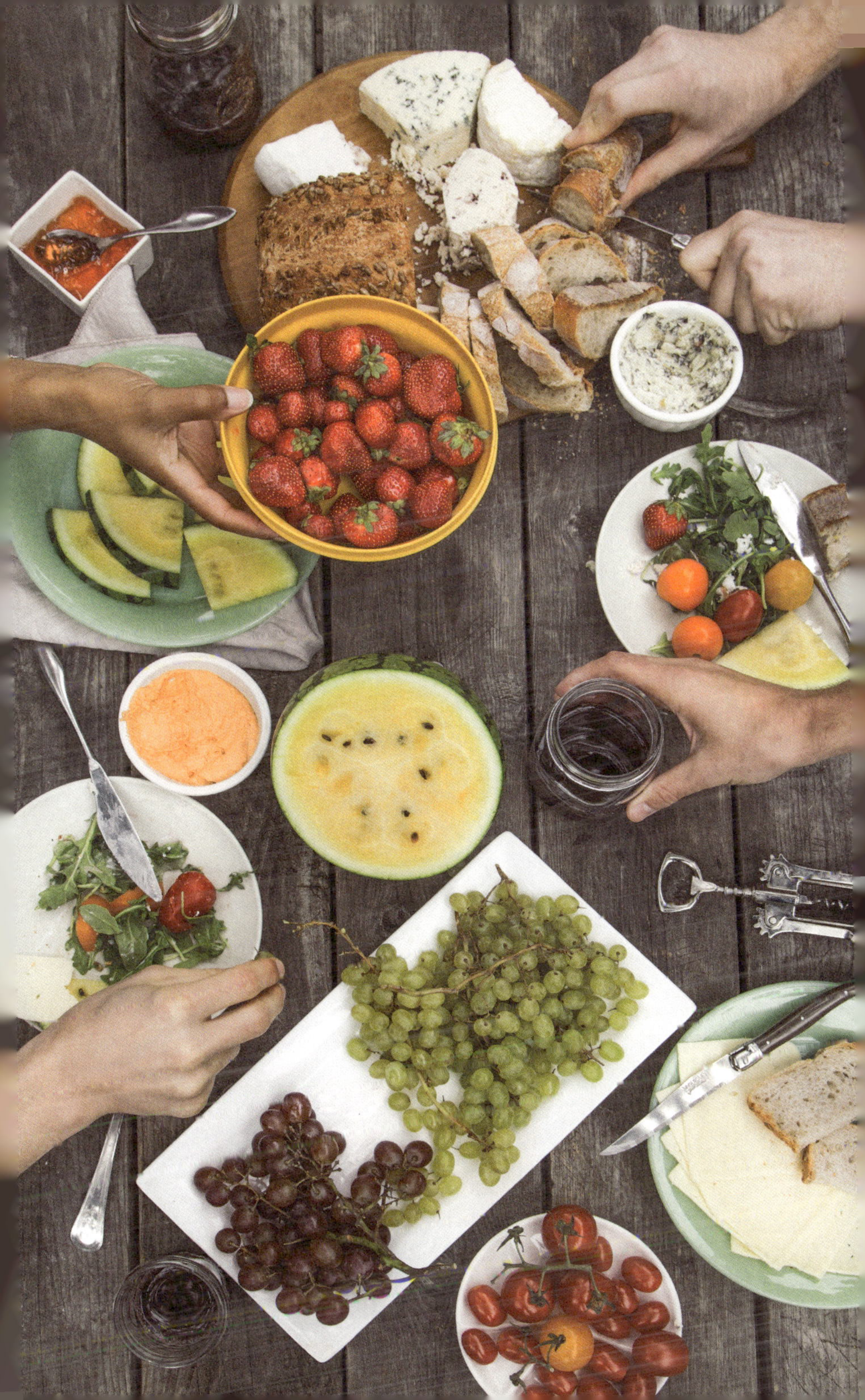

Recycler

Recycler est une habitude qui devrait être ancrée chez tous les Québécois. Selon moi, recycler le maximum de matières possible est un minimum lorsqu'on s'intéresse à diminuer le nombre de déchets qui se retrouvent dans les dépotoirs chaque année.

Cependant, recycler, ce n'est pas la panacée. Avant tout, il faut tenter de diminuer la quantité de déchets qu'on produit, notamment en évitant les sacs, les couverts ou les bouteilles de plastique.

Ce ne sont pas tous les types de plastique qui peuvent être recyclés. Tous les contenants de plastique affichent un numéro de 1 à 7 dans un triangle formé de trois flèches. Généralement, les plastiques portant les numéros 1,2 et 5 sont recyclés. Cependant, le fonctionnement de la collecte des matières recyclables est différent d'une municipalité à l'autre.

Pour éviter d'utiliser et de mettre dans le bac des matières qui ne se recyclent pas dans votre municipalité, ce qui fait perdre du temps aux employés qui doivent trier le tout, informez-vous auprès de votre municipalité. Le site recreer.ca présente les matières résiduelles qui ne devraient pas être mises au recyclage et ce qu'on peut en faire pour éviter qu'elles ne se retrouvent au dépotoir.

Composter

Composter est une habitude qui devient de moins en moins marginale au Québec. Les bacs bruns se sont multipliés dans la Belle Province, et c'est une excellente nouvelle. De cette façon, des tonnes de déchets organiques sont détournés des dépotoirs et ces déchets sont plutôt transformés en un compost qui fait la joie des agriculteurs amateurs et professionnels.

Tous les jardiniers vous le diront : composter apporte beaucoup de bénéfices au potager et augmente les récoltes. Ainsi, vous pourriez décider de composter vous-même vos déchets organiques afin de profiter de cet or brun.

Le compost est un engrais naturel constitué de matières organiques qui se sont décomposées grâce à l'action d'une multitude d'organismes tels que des bactéries, des champignons ou des insectes.

Voici quelques conseils pour vous aider à entreprendre votre compost à domicile.

Comment composter à domicile ?

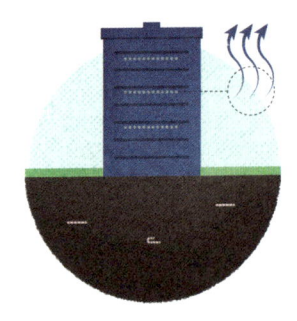

1. Achetez ou construisez un composteur. Ce dernier doit être muni d'un couvercle et laisser passer l'oxygène. Il ne doit pas avoir de fond pour permettre un contact avec la terre.

2. Placez le composteur dans un endroit qui est facilement accessible, près de la maison, qui est légèrement ombragé et à l'abri du vent.

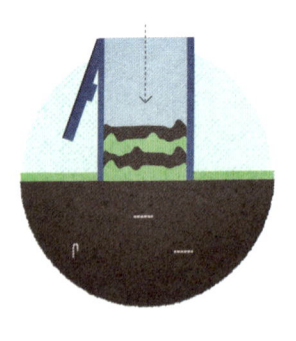

3. Commencez à remplir votre composteur avec des déchets en alternant des déchets bruns (riches en carbone) et des déchets verts (riches en azote). Il est important de diversifier les déchets que vous compostez afin que l'azote et le carbone soient bien équilibrés. De cette façon, vos déchets se décomposent plus rapidement, les nutriments restent dans le compost et aucune odeur désagréable ne s'en dégage. Pendant l'hiver, vous pouvez continuer à remplir votre composteur. La décomposition sera ralentie, mais reprendra de plus belle au printemps.

PRODUIRE MOINS DE DÉCHETS

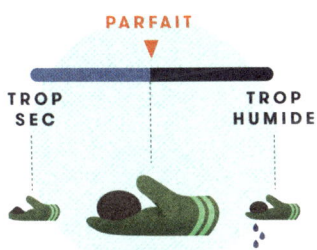

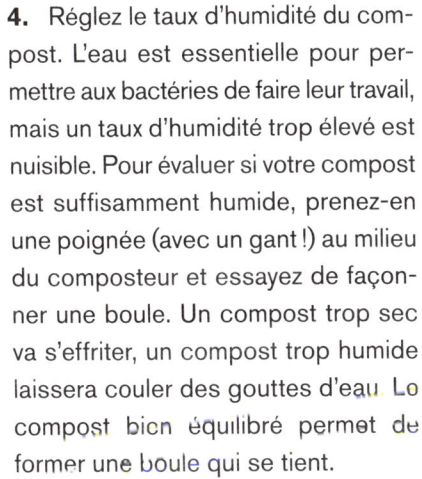

4. Réglez le taux d'humidité du compost. L'eau est essentielle pour permettre aux bactéries de faire leur travail, mais un taux d'humidité trop élevé est nuisible. Pour évaluer si votre compost est suffisamment humide, prenez-en une poignée (avec un gant!) au milieu du composteur et essayez de façonner une boule. Un compost trop sec va s'effriter, un compost trop humide laissera couler des gouttes d'eau. Le compost bien équilibré permet de former une boule qui se tient.

5. Aérez votre compost. À l'aide d'une fourche, environ deux fois par mois, il faut bien brasser et retourner le compost afin de l'aérer et de donner de l'oxygène aux bactéries.

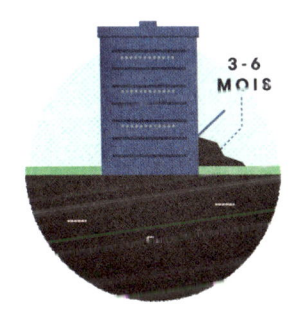

6. Récoltez votre compost. Si tout va bien, vous devriez obtenir un compost mûr en trois à six mois. Lorsque le compost est prêt à être utilisé, il est brun, ressemble à du terreau et ne dégage aucune odeur. Vous pouvez l'utiliser pour nourrir vos plantes d'intérieur ou d'extérieur.

Ce qui va dans le composteur

Matières riches en azote (déchets verts)	Matières riches en carbone (déchets bruns)
Restes de fruits et de légumes	Pâtes alimentaires
	Céréales
Mauvaises herbes (sauf si elles sont montées en graines)	Grains
	Pain
	Noyaux
Tontes de gazon	Écales de noix
Coquilles d'œufs émiettées	Marc de café
Algues	Sachet de thé
	Feuilles, fleurs et plantes sèches
	Terre

Ce qui ne va pas dans le composteur

Viande

Poisson

Os

Coquilles d'huîtres

Carcasse de crabe ou homard

Produits laitiers

Huiles

Feuilles de rhubarbe

Plantes ou feuilles malades

Mauvaises herbes en graines

Excréments d'animaux ou humains

Si vous n'avez pas accès à un terrain pour installer un composteur, vous pouvez toujours vous tourner vers une méthode de compostage idéale pour les petits espaces : le vermicompostage. Dans un contenant fermé, on installe des vers rouges qui se nourrissent des déchets organiques pour les transformer en compost. Il suffit de leur fournir une litière constituée de journaux ou de feuilles mortes déchiquetées et d'un peu de terreau. Les vers peuvent manger plus de la moitié de leur poids chaque jour ! Une vraie usine de compostage que vous pouvez installer dans un coin sombre de votre appartement. Pour plus d'informations sur le vermicompostage, visitez le site espacepourlavie.ca/vermicompostage.

Ressusciter les aliments

Je vois constamment circuler des articles sur Facebook sur des aliments qui peuvent repousser grâce aux parties qu'on ne consomme habituellement pas. Après avoir testé la plupart de ces trucs, je peux vous dire que ce qui marche en théorie n'a souvent aucune utilité dans la vraie vie.

Ainsi, oubliez tout de suite la laitue, le céleri, le bok choy, le chou, le fenouil ou le poireau. Même s'il est possible de faire repousser les feuilles de ces aliments en mettant leur base dans l'eau, puis dans la terre, le processus est extrêmement long, ou bien les parties qui repoussent sont très amères et carrément immangeables.

Personnellement, ce sont surtout les herbes fraîches avec lesquelles j'ai le plus de succès, d'autant qu'on n'a souvent besoin que d'une petite quantité de ces végétaux. Toutes ces expériences fonctionnent avec la luminosité d'un bord de fenêtre. Bien sûr, plus c'est lumineux, mieux c'est.

Oignon vert

Ce légume est très facile à faire repousser. Le plus simple est d'utiliser ce dont vous avez besoin et de conserver quelques centimètres du bas de la tige avec les racines. Mettez ces bouts dans un verre d'eau avec juste assez d'eau pour recouvrir les racines. Changez l'eau chaque jour. En une semaine, les tiges auront pratiquement retrouvé leur taille originale. Après avoir utilisé à nouveau les tiges, je vous suggère de composter le tout, car les plants perdent de leur vitalité.

J'aime aussi les planter dans la terre lorsque les racines ont commencé à pousser légèrement. Selon mon expérience, le goût des pousses est plus prononcé de cette façon. Testez les deux méthodes et optez pour celle qui vous convient le mieux.

Menthe et romarin

Ces deux herbes fraîches sont des plantes vivaces. Il suffit de couper quelques tiges, d'enlever les feuilles du bas (deux ou trois rangées de feuilles) et de mettre les tiges dans un verre avec suffisamment d'eau pour recouvrir les tiges nues. Après quelques jours ou semaines, des racines devraient apparaître. Vous pouvez planter ces tiges dans des pots. Ne vous étonnez pas si cela prend quelques mois avant d'avoir un plant d'une belle taille. L'avantage, c'est que vous avez maintenant des plants qui pourront durer longtemps et aller dehors en été.

Carotte, radis et navet

Avec ces trois légumes racines, ce ne sont justement pas les racines qui nous intéressent, mais plutôt les feuilles. Eh oui!

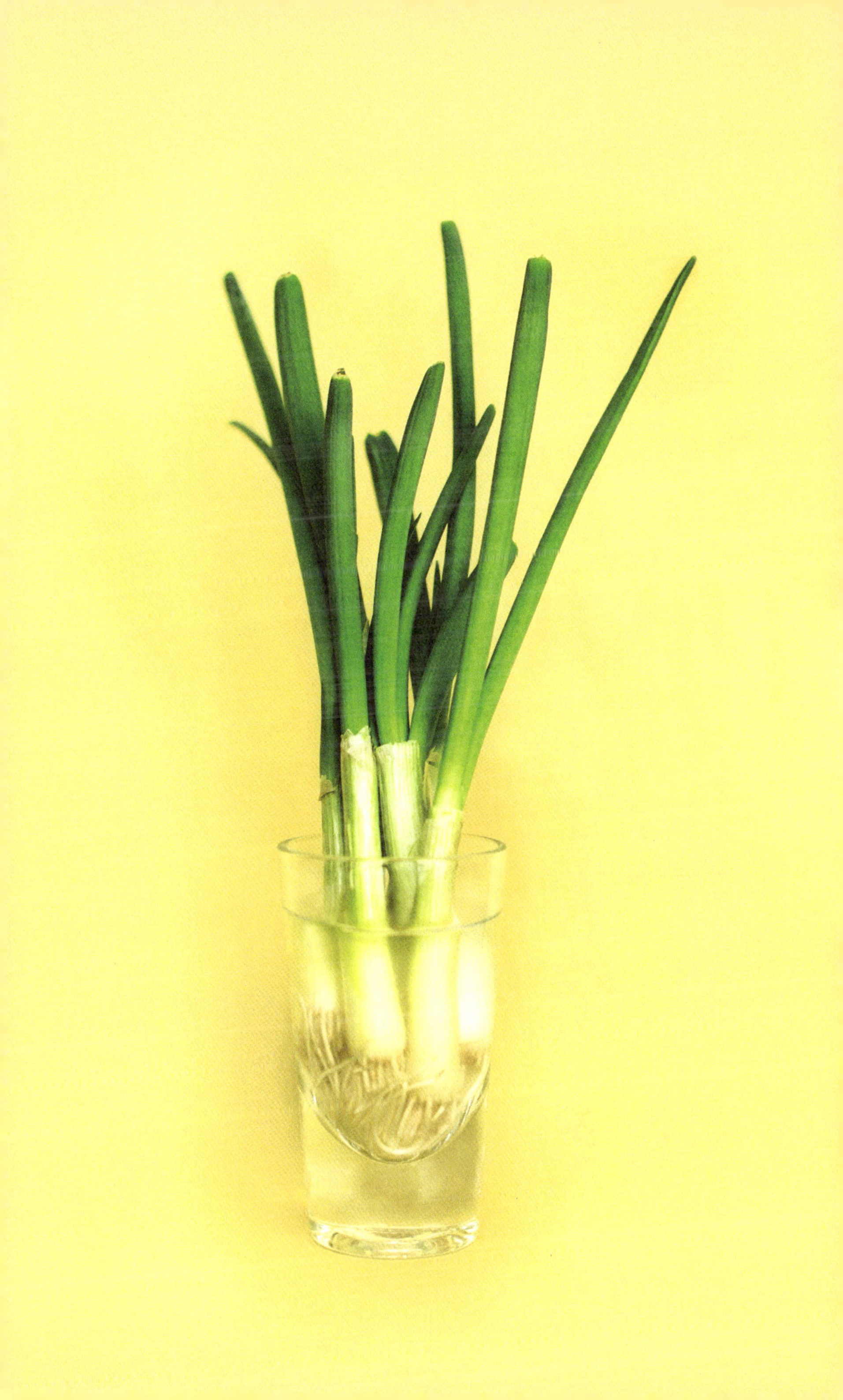

Comme vous le verrez dans la section «Cuisiner les parties d'aliments négligées», les fanes de carottes, de radis, de betteraves ou de navet se cuisinent.

Conservez la partie du haut de ces racines et mettez-les dans un récipient suffisamment rempli d'eau afin d'éviter qu'elles ne s'assèchent. Changez l'eau chaque jour. En quelques jours, de nouvelles pousses vont commencer à apparaître du haut. En quelques semaines, vous pourrez utiliser les fanes pour vos recettes de potages ou de pesto, ou pour décorer des plats.

Des plantes d'intérieur comestibles ?

Toutes les plantes qui se trouvent chez moi sont d'origine alimentaire. Depuis que je suis jeune, je m'amuse à planter des noyaux et des graines pour voir si je suis capable d'en faire des plantes. J'ai un manguier, un avocatier, un clémentinier, un plant d'ananas… Je n'ai jamais vu l'ombre d'un fruit. Donc, même si ces expériences sont intéressantes à faire, elles ne valent pas la peine pour une utilisation alimentaire. Par contre, pour avoir des plantes d'intérieur gratuitement, c'est génial ! Et pourquoi ne pas en faire pousser plusieurs et les offrir à vos amis ? C'est le cadeau de pendaison de crémaillère par excellence ! D'un point de vue environnemental, mieux vaut planter des noyaux qui ont déjà voyagé plutôt que d'acheter de nouvelles plantes exotiques à la quincaillerie du coin.

Pratiquer le déchétarisme

Imaginez un instant le visage de ma mère quand je lui ai dit que j'étais allé fouiller dans les poubelles du marché Jean-Talon pour cuisiner un souper. « Tu manges des aliments pourris !? Ça va bien dans ta tête ?! »

Non, je ne mange pas d'aliments pourris. Les poubelles des marchés publics et des supermarchés sont malheureusement souvent remplies d'aliments parfaitement comestibles. C'est à cause de cette situation qu'est né le déchétarisme, c'est-à-dire l'acte de se nourrir d'aliments trouvés dans les poubelles des supermarchés et des marchés publics. Les gens qui le pratiquent ne le font pas nécessairement par besoin, mais plutôt dans le but de contester cet énorme gaspillage alimentaire. Et puis, pourquoi se passerait-on d'aliments gratuits ? On y trouve des tonnes de fruits et de légumes qui n'attendent qu'à être ramassés. Lors de votre prochaine visite dans un marché, jetez simplement un coup d'œil dans quelques poubelles, vous risquez d'être surpris !

Cela prend certes un peu de courage pour passer à l'étape suivante et oser mettre les mains dans une benne, mais la récompense en vaut clairement l'effort. Je voulais donc vous donner quelques trucs pour pratiquer le déchétarisme de façon sécuritaire.

Pratiquer le déchétarisme de façon sécuritaire et responsable

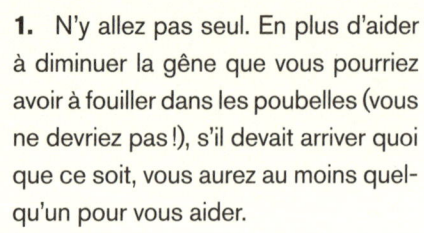

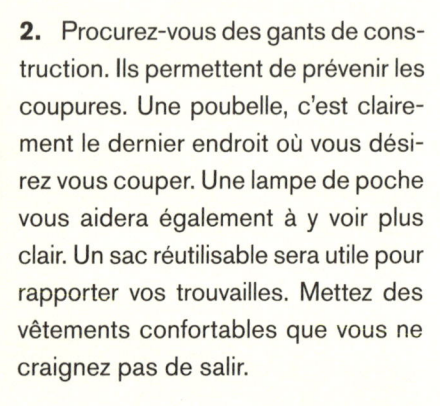

1. N'y allez pas seul. En plus d'aider à diminuer la gêne que vous pourriez avoir à fouiller dans les poubelles (vous ne devriez pas !), s'il devait arriver quoi que ce soit, vous aurez au moins quelqu'un pour vous aider.

2. Procurez-vous des gants de construction. Ils permettent de prévenir les coupures. Une poubelle, c'est clairement le dernier endroit où vous désirez vous couper. Une lampe de poche vous aidera également à y voir plus clair. Un sac réutilisable sera utile pour rapporter vos trouvailles. Mettez des vêtements confortables que vous ne craignez pas de salir.

3. Avant d'y mettre les mains, faites une inspection visuelle de la poubelle. Si vous y voyez des morceaux de vitre, par exemple, ou d'autres objets qui pourraient vous blesser, évitez cette benne.

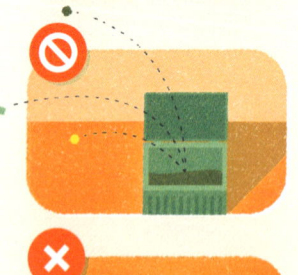

4. Sortez un sac à la fois de la benne. Évitez de tout jeter dehors en même temps.

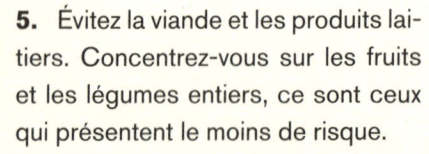

5. Évitez la viande et les produits laitiers. Concentrez-vous sur les fruits et les légumes entiers, ce sont ceux qui présentent le moins de risque.

6. Ne prenez que ce dont vous avez besoin. D'autres personnes risquent de passer par là, dont certaines qui ont vraiment besoin de ces denrées gratuites. Vous pouvez replacer les aliments plus en évidence dans la poubelle pour ces personnes.

7. Si vous décidez d'entrer dans la benne, il est très important de vous assurer que la personne avec qui vous êtes reste devant et vous surveille pour éviter que la benne ne se referme sur vous.

8. Replacez tous les déchets que vous avez sortis de la benne. Faites en sorte que l'endroit semble encore plus propre qu'avant que vous y passiez. Les propriétaires seront plus tolérants de cette pratique si les gens sont respectueux.

9. Une fois à la maison, mettez vos vêtements au lavage, prenez une douche et attaquez-vous à votre butin. Il est important de retirer toutes les parties pourries des aliments, s'il y en a, et de les nettoyer de fond en comble.

10. Même si vous avez nettoyé tous les fruits et les légumes, ne les mangez pas crus. Cuisinez-les plutôt en potage, en soupe, en confiture ou en compote. La chaleur tue les micro-organismes.

Fabriquer des produits ménagers à l'aide de rebuts alimentaires

Plusieurs produits qu'on trouve dans les armoires de notre cuisine peuvent se transformer assez rapidement en produits ménagers respectueux de l'environnement.

De façon générale, le bicarbonate de soude et le vinaigre servent à de multiples utilisations. Vous n'avez qu'à fouiller quelques instants sur le Web pour découvrir leur pouvoir nettoyant. En diminuant notre consommation de produits ménagers habituels et en fabriquant ceux-ci avec des produits alimentaires, on diminue clairement la quantité de déchets de plastique.

Saviez-vous qu'on peut également utiliser des déchets alimentaires pour produire un nettoyant tout-usage ? C'est ce que je vous propose ici.

TRUC — Nettoyant tout usage à l'orange

1. Remplissez un pot de pelures d'oranges.
2. Couvrez-les de vinaigre et fermez le pot.
3. Laissez macérer pendant 2 semaines à la température de la pièce.
4. Filtrez le produit et versez-le dans une bouteille munie d'un vaporisateur.
5. Et voilà, vous avez un produit nettoyant tout usage. Grâce aux oranges, le parfum assez prononcé du vinaigre est masqué. Ne vous inquiétez pas, votre maison ne sentira pas le vinaigre, mais plutôt les oranges !

Diminuer le gaspillage alimentaire

Selon l'Organisation des Nations Unies pour l'alimentation et l'agriculture (FAO), de 2012 à 2014, 805 millions de personnes sur la Terre se sont fréquemment couchées le ventre vide. Mondialement, c'est une personne sur neuf qui est sous-alimentée de façon chronique. La majorité de ces personnes vivent en Afrique et en Asie.

Toujours selon la FAO, d'ici 2050, la production alimentaire devra être 60 % plus élevée afin de répondre à la demande de la population mondiale grandissante. Pourtant, à l'échelle de la planète, entre 30 % et 50 % des aliments produits sont annuellement perdus. C'est 1,3 milliard de tonnes de nourriture gaspillées. Si nous étions capables de diminuer le gaspillage alimentaire de façon substantielle, la pression sur les agriculteurs (et sur notre planète!) à produire plus d'aliments diminuerait également.

Évidemment, même si nous arrêtions tous de gaspiller demain matin, tout le monde ne mangerait pas à sa faim. Beaucoup d'autres problématiques des systèmes économique, politique et alimentaire sont en cause. Cependant, je crois que nous avons comme responsabilité de ne pas gaspiller la nourriture qui est produite. Grâce aux informations des sections précédentes, vous constatez à quel point produire des aliments est exigeant en ressources. Laisser ces aliments se perdre est également très néfaste d'un point de vue environnemental.

LE GASPILLAGE ALIMENTAIRE AU QUÉBEC

Le gaspillage représente une utilisation inutile d'eau, de terres fertiles, d'énergie (dont le pétrole) et d'emballage.

Les pertes se produisent à tous les échelons de la ferme à la table

Chaque tonne d'aliments gaspillés envoie 5,6 tonnes d'équivalent CO_2 dans l'atmosphère.

Production — 9 %

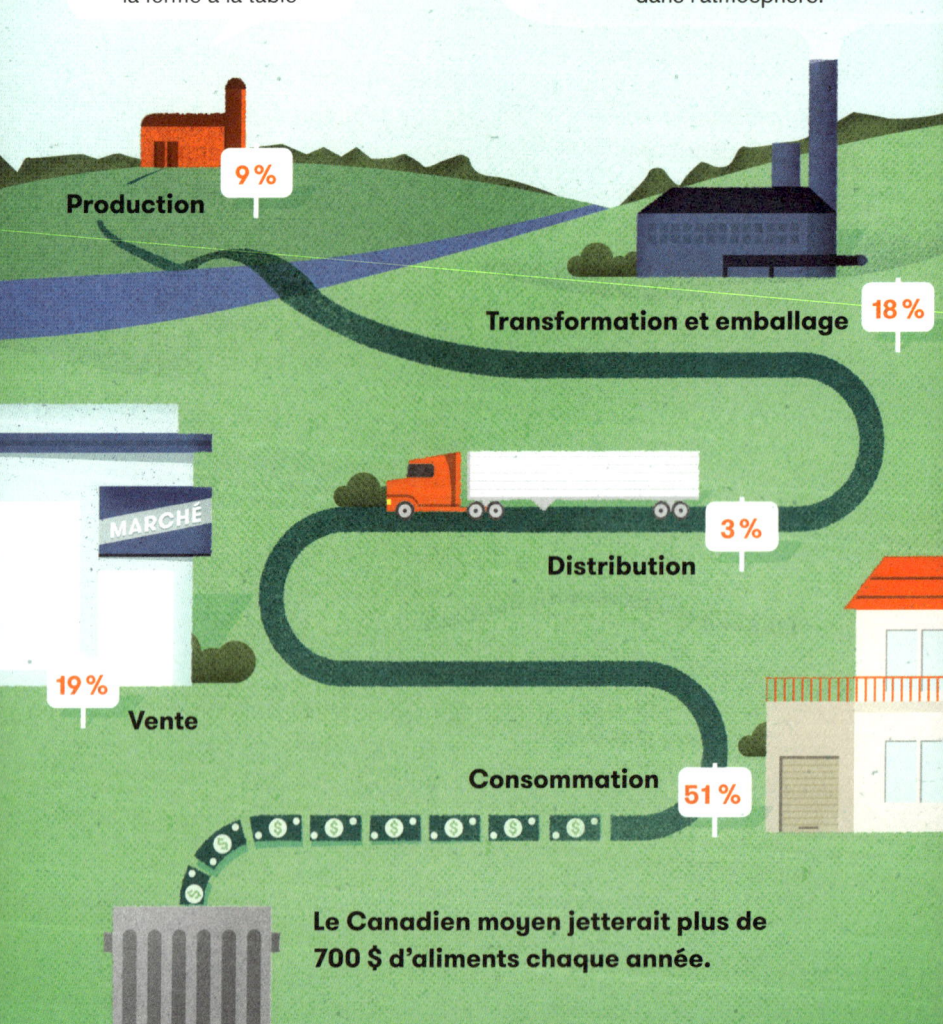

Transformation et emballage — 18 %

Distribution — 3 %

Vente — 19 %

Consommation — 51 %

Le Canadien moyen jetterait plus de 700 $ d'aliments chaque année.

PRODUIRE MOINS DE DÉCHETS

Une histoire très moche

Avez-vous déjà pris un instant pour vous arrêter devant les étalages de fruits et de légumes et vous demander pourquoi ces derniers étaient aussi parfaits ? Sûrement pas. Depuis longtemps, nous sommes habitués à voir des étals remplis d'une abondance d'aliments beaux et frais. Nous en venons à croire que cette situation est normale et naturelle. Et pourtant…

Pour arriver à cette perfection, les supermarchés exigent des producteurs que les fruits et les légumes correspondent à des normes esthétiques précises. La carotte doit mesurer tant de centimètres, la pomme doit avoir telle grosseur, la courgette ne doit présenter aucune tache, etc.

N'importe quelle personne qui a déjà fait pousser des aliments sait que les fruits et les légumes ne ressemblent pas toujours à ceux qu'on trouve au supermarché. C'est tout à fait normal ! Contrairement à ce qu'on voit dans les rayons des magasins, dans la nature, la diversité est à l'honneur.

Lorsque les fruits et les légumes ne correspondent pas aux critères de beauté demandés par l'industrie, ils sont déclassés. Au Québec, les producteurs maraîchers doivent déclasser environ 25 % des aliments qu'ils produisent, soit 400 000 tonnes de fruits et de légumes.

Les agriculteurs se retrouvent ainsi avec des aliments parfaitement bons au goût, sécuritaires et nutritifs qu'ils ne peuvent vendre. Certains arrivent à en vendre une partie pour qu'ils soient transformés, en jus par exemple, mais il s'agit d'une pratique encore marginale.

Acheter de ces fruits et légumes moches est une bonne façon de diminuer le gaspillage alimentaire et de payer beaucoup moins cher pour des aliments nutritifs, frais et locaux. Certains détaillants achètent tout de même des produits moches et les vendent à des prix très compétitifs. Regardez du côté des épiceries ethniques. Sinon, les producteurs liquident à bas prix ces produits dans les marchés publics. Ils sont encore toutefois assez difficiles à trouver.

Tant que les grandes chaînes de supermarchés au Québec ne décideront pas de vendre ces produits à grande échelle, des milliers de tonnes d'aliments continueront d'être déclassées.

Évidemment, savoir que nous gaspillons des aliments nous aide à prendre conscience de la réalité, mais sans quelques conseils, il est difficile de passer à l'action.

Dans les prochaines sections, je vous présente donc une série de trucs pratiques pour diminuer le gaspillage alimentaire. Non seulement ces astuces permettent-elles de jeter moins d'aliments, mais elles vous feront économiser.

Mieux planifier les repas

Je ne suis pas le premier à le dire : pour gagner du temps et de l'argent, et pour moins gaspiller, il faut planifier ses menus. En tenant compte des aliments que vous avez déjà sous la main, des repas qui doivent être cuisinés pendant la semaine et des recettes que vous désirez préparer, vous aurez une meilleure idée de ce que vous avez à acheter.

Si vous investissez quelques heures, le dimanche, pour préparer et planifier vos repas, vous gagnerez beaucoup de temps tous les autres jours de la semaine.

Développer l'art du touski

Que vous les appeliez « touski » (pour « touskireste ») ou « vide-frigo », ces repas sont des improvisations mixtes ayant pour thème : cuisiner ensemble tout ce qui risque de rendre l'âme prochainement. Les puristes vous diront que pour sauver un maximum d'aliments, il faut faire ce genre de ménage alimentaire au moins une fois par semaine.

Parce qu'il y a toujours des imprévus dans notre horaire et parce que vous ne planifierez probablement pas toujours tous vos repas, vous devriez planifier le « touski » dans votre horaire pour vous rappeler de le cuisiner! Il y a toujours des aliments qui traînent!

D'habitude, j'ai le plus de succès avec des plats de pâtes, des pizzas ou des sautés dans lesquels je ne fais que lancer tous les légumes défraîchis. C'est simple, rapide et ça permet de faire le ménage. Qui sait, peut-être tomberez-vous sur une recette tellement bonne que vous déciderez de la prévoir au menu !

Faire l'épicerie plusieurs fois par semaine

Parmi les principales causes du gaspillage alimentaire à domicile, on trouve les achats sporadiques et en grande quantité. Quand on fait l'épicerie une fois par semaine (ou même toutes les deux semaines !), on achète inévitablement des aliments frais qui finiront par dépérir avant d'être consommés.

La meilleure façon d'éviter ces pertes est d'aller à l'épicerie plus fréquemment. En achetant les aliments en petits formats et en moins grandes quantités, on diminue les risques que la moitié des aliments se retrouve aux poubelles.

Personnellement, je n'ai pas de problème à aller fréquemment à l'épicerie, car elle se trouve sur mon chemin au retour du travail. Cependant, je peux tout à fait comprendre que ce ne soit pas la réalité de tous. Dans ce cas, je vous suggère de congeler tout ce qui peut l'être et de cuisiner quelques plats à l'avance, dès que vous rentrez du supermarché. Vous pouvez aussi couper des crudités ou préparer une salade, par exemple. Lorsque les aliments sont préparés, on a tendance à les manger plus rapidement ! C'est probablement la meilleure façon d'éviter que les aliments frais ne se gâtent.

Préférer les petits formats

Je n'ai pas d'auto. Cette déclaration peut sembler venir de nulle part, mais c'est pour vous illustrer le fait que je suis restreint dans les lieux où je peux acheter mes aliments. Cependant, il n'y a pas longtemps, un ami m'a emmené dans un magasin qui vend des aliments en gros. Vous savez, ce genre d'entrepôt en bordure d'autoroutes où on peut acheter des pots de beurre d'arachides de deux kilos, des sacs de huit poivrons ou de douze avocats, des bouteilles d'un litre de sirop d'érable, des paquets de quatre pains tranchés, des emballages de quatre kilos de viande hachée, etc.

Sur le coup, je me croyais au paradis ! Tout était en grand format et les économies semblaient trop belles pour être vraies. L'attrait de ce genre de commerce, c'est de pouvoir offrir beaucoup à un prix compétitif grâce au volume élevé des ventes. Même si ces produits semblent économiques à première vue, soyez prudents.

Lorsqu'on achète plus que nécessaire, consommer l'ensemble de ces aliments avant qu'ils ne périment devient une tâche ardue. Et si vous en jetez 20 %, 30 % ou même 50 %, l'économie n'est plus là !

Bref, privilégiez les petits formats ou, du moins, ceux qui conviennent à vos besoins.

Si vous visitez ce type de commerce, vous pourriez partager les achats avec des amis, des voisins ou votre famille afin que chacun profite de ces économies, ou vous assurer de congeler les surplus.

Mieux conserver les aliments

Pour optimiser la planification de nos repas, il est utile de connaître les meilleures méthodes pour conserver les aliments. Une bonne partie du gaspillage alimentaire à domicile pourrait être évité si les consommateurs appliquaient les différents trucs et conseils présentés dans cette section.

Vous apprendrez, par exemple, où doivent être rangés les aliments dans le réfrigérateur, combien de temps les aliments peuvent rester dans le congélateur et comment éviter que le paquet de fines herbes que vous avez acheté ne se flétrisse après une journée. Grâce à ces conseils, vous serez en mesure de conserver vos aliments en bon état le plus longtemps possible.

J'aborde également différentes techniques de conservation des aliments à plus long terme. Par exemple, la mise en conserve et le marinage vous sont expliqués de façon détaillée.

Un mot sur la conservation

Plusieurs facteurs influent sur la durée de vie des aliments, comme la température de conservation, la présence ou l'absence d'oxygène, leur acidité et la quantité d'eau qu'ils contiennent. Les aliments les plus périssables sont ceux qui sont peu acides et qui contiennent beaucoup d'eau, comme la viande, la volaille, le poisson et les fruits de mer. Ils présentent des conditions optimales pour la croissance des micro-organismes pathogènes. Les aliments secs, comme le riz, les biscuits et le pain sont peu périssables, car les bactéries et autres micro-organismes ont besoin d'eau pour survivre. D'autres aliments, comme le beurre, la margarine et les huiles, ne sont pas propices à la croissance des bactéries, mais peuvent devenir rances à plus ou moins long terme au contact de l'air. Les différentes techniques qui existent, comme la réfrigération, la congélation, le séchage, la salaison ou la mise en conserve, pour n'en nommer que quelques-unes, ont toutes comme objectif d'optimiser la conservation.

MIEUX CONSERVER LES ALIMENTS

Bien utiliser le réfrigérateur

La première façon d'éviter que les micro-organismes ne prolifèrent dans les aliments est d'abaisser la température dans le but de les « endormir ».

Température de conservation des aliments et effet sur les micro-organismes

-18 °C ou moins
(congélateur)

Les micro-organismes cessent de se multiplier

De 0 °C à 4 °C
(réfrigérateur)

Les micro-organismes ralentissent leur multiplication, mais sont toujours actifs

De 4 °C à 60 °C
(la « zone de danger »)

Les micro-organismes se multiplient à une vitesse accélérée

60 °C et plus
(cuisson)

Les micro-organismes cessent de se multiplier et plus la température s'élève, plus ils sont détruits

Dans un réfrigérateur, il faut donc que la température soit entre 0 °C à 4 °C pour ralentir suffisamment la prolifération des micro-organismes. Cependant, toutes les zones du réfrigérateur ne se situent pas à la même température. Voici donc un graphique (pages suivantes) pour vous montrer où ranger les aliments afin qu'ils se conservent le plus longtemps possible.

OÙ RANGER LES ALIMENTS DANS LE RÉFRIGÉRATEUR

Porte
Sauces, condiments, marinades, confitures, beurre, boissons
(Température la plus élevée, néfaste pour les aliments fragiles.)

Congélateur
Tous les aliments ou presque se congèlent.

Première rangée
Fromages, yogourts, aliments cuits et prêts à manger

Deuxième rangée
Lait, boissons végétales entamées, œufs
(Température la plus basse, idéale pour les aliments fragiles.)

Tiroir de la deuxième rangée
Viandes, volailles et poissons crus (Cela évite que le jus des viandes crues ne contamine les autres aliments.)

Tiroir du bas
Fruits dans un tiroir, légumes dans l'autre (Séparez les légumes et les fruits non climactériques des fruits climactériques, car ces derniers dégagent un gaz qui nuit à la conservation. Voir truc à la page 136.)

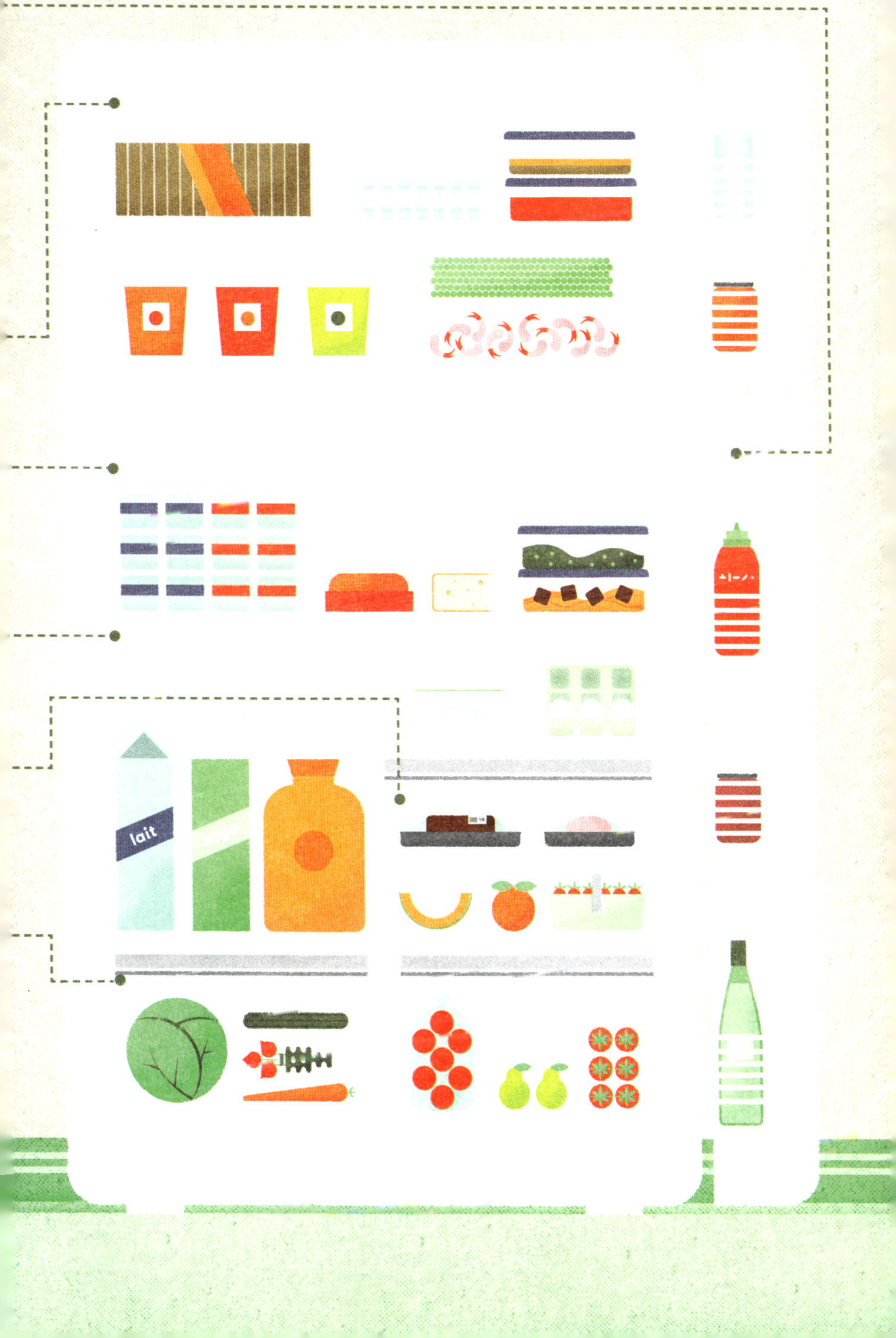
lait

Bien utiliser le congélateur

La congélation permet de conserver les aliments beaucoup plus longtemps. En plus, il est si pratique de conserver des portions de plats déjà préparés qu'on n'a qu'à décongeler à l'heure du repas.

En règle générale, tous les aliments se congèlent bien. Parmi les exceptions, on trouve les légumes qu'on mange crus (concombre, radis, laitue, etc.) qui perdent de leur croquant une fois congelés, ainsi que les fromages frais, comme la ricotta ou les œufs dans leur coquille.

Sinon, les légumes supportent bien la congélation, pourvu qu'on les blanchisse avant de les congeler. Pour ce faire, il suffit de les plonger environ une minute dans l'eau bouillante, puis de les refroidir sous l'eau froide. Cela dépend toutefois du type de légume et de sa taille. La tomate, la betterave, la patate douce, le poivron, l'oignon et le poireau sont des légumes qui n'ont pas besoin d'être blanchis avant la congélation.

Les fruits, eux, n'ont pas besoin d'être blanchis. On peut les congeler entiers (fraises, framboises, bleuets) ou en morceaux (pommes, poires, pêches) directement sur une plaque sans qu'ils se touchent. Une fois qu'ils sont congelés, on les transfère dans un sac à congélation ou un contenant hermétique.

La viande, le poisson, les fruits de mer et le pain sont d'autres aliments dont la durée de vie augmente considérablement grâce à la congélation. Assurez-vous de les conserver dans un contenant hermétique pour éviter les brûlures par le froid.

MIEUX CONSERVER LES ALIMENTS

Si vous préparez plusieurs portions d'un plat, séparez-le à l'avance dans des contenants prévus pour la congélation. Plusieurs petites portions sont plus rapides à congeler qu'une grosse.

Plus vous utiliserez votre congélateur, plus il vous sera difficile de vous rappeler ce que contiennent les plats. N'hésitez pas à indiquer le contenu directement sur le contenant et même à faire une liste de tout ce qu'il y a dans votre congélateur. De cette façon, vous pouvez rapidement savoir ce que vous avez, sans même avoir à ouvrir la porte.

TRUC — **Une boulangerie dans le congélateur**

Chez moi, tous les types de pain sont directement placés au congélateur. De cette façon, je les conserve beaucoup plus longtemps. Une fois réchauffés, ils sont aussi bons que le jour où ils ont été achetés.

TRUC — **Utiliser le froid hivernal pour refroidir rapidement les plats**

Je vais être franc avec vous, ce truc m'est venu en tête un soir d'hiver, avec des amis, où le balcon était devenu le deuxième réfrigérateur pour garder les bouteilles d'alcool au frais. L'hiver, on peut profiter de la température pour rapidement abaisser la température des aliments. De cette façon, on économise l'énergie de notre réfrigérateur en utilisant plutôt l'énorme congélateur extérieur. C'est vraiment pratique lorsqu'on a plusieurs plats à refroidir. On peut ensuite les transférer directement au réfrigérateur ou au congélateur.

Séparer les fruits et les légumes

Lorsque je vous disais de séparer les fruits et les légumes dans deux tiroirs différents de votre réfrigérateur, ce n'était pas pour faire joli !

Il existe une catégorie de fruits qui sont cueillis avant d'être mûrs afin d'être transportés sans trop de dommage. Ces fruits sont nommés climactériques. Cela signifie qu'ils poursuivent leur mûrissement après la cueillette en dégageant un gaz appelé éthylène. Ces fruits doivent être gardés à température ambiante jusqu'à ce qu'ils soient complètement mûrs. Une fois mûrs, mangez-les rapidement ou conservez-les au réfrigérateur. (Oui, oui, cela s'applique également à la banane dont la pelure noircit au réfrigérateur, mais dont la chair reste blanche !)

Les fruits non climactériques (ex. : fraise, framboise, bleuet, orange, mandarine) et la très grande majorité des légumes sont sensibles à l'éthylène qui accélère leur dégradation. Pour cette raison, il est important de séparer les fruits climactériques des autres végétaux dans votre réfrigérateur afin d'éviter qu'ils ne se gâtent trop rapidement. En les rangeant dans deux tiroirs distincts, vous éviterez ce désagrément.

Fruits climactériques (qui émettent beaucoup d'éthylène)

Abricot	Fruit de la passion	Pêche
Avocat	Goyave	Poire
Banane	Kiwi	Pomme
Cantaloup	Mangue	Prune
Chérimole	Papaye	Tomate

MIEUX CONSERVER LES ALIMENTS

Apprendre la durée réelle de conservation des aliments

« Hé ! Le lait est "passé date" hier ! Est-ce qu'on en a d'autre ? Je veux en mettre dans mon café. » Je ne suis certainement pas le seul à avoir entendu cette phrase. Il existe une certaine confusion à propos de la date de péremption (la date « meilleur avant ») et la durée réelle de conservation des aliments.

La plupart des produits périssables préemballés doivent porter la mention « meilleur avant » si leur durée de conservation est de 90 jours ou moins. Si l'emballage n'a pas été ouvert et que l'aliment a été maintenu dans les conditions idéales, il devrait conserver son goût, sa texture et sa valeur nutritionnelle initiale au moins jusqu'à cette date. Un aliment ne devient pas impropre à la consommation dès que cette date est atteinte, c'est simplement que le fabricant ne peut plus garantir que le produit soit aussi frais qu'au moment de l'emballage.

Une fois que l'emballage est ouvert, cette date de péremption n'est plus valide. Alors que certains aliments restent bons longtemps après avoir été ouverts (ex. : yogourt, cheddar), d'autres ne se conservent que quelques jours (ex. : mets préparés, charcuteries, lait). Contrairement à ce que plusieurs pensent, il n'est pas possible de se fier à ses sens pour détecter si un produit est contaminé par des micro-organismes. Cela veut dire que même si ça sent bon, ça goûte bon ou ça semble bon, il peut y avoir une contamination par des micro-organismes.

Il vaut mieux utiliser le Thermoguide développé par le ministère de l'Agriculture, des Pêcheries et de l'Alimentation du Québec

(MAPAQ) qui se trouve sur son site Web. Ce guide contient la durée de conservation d'une multitude d'aliments courants, tant dans le garde-manger que dans le réfrigérateur ou le congélateur. À imprimer et à coller sur le réfrigérateur! Pour le trouver facilement, tapez «Thermoguide MAPAQ» dans un moteur de recherche.

Protéger les grains et les céréales

Le riz, le quinoa, l'avoine, les pâtes, la farine… On trouve souvent ces produits secs dans des sacs de plastique ou de papier. Le problème, c'est qu'une fois qu'on a ouvert ces emballages, le sac reste souvent dans l'armoire, attendant que l'humidité, l'oxygène, les insectes ou les rongeurs finissent par les trouver…

Si vous trouvez une souris dans votre sac de riz, je pense que vous avez un problème plus grave que celui d'avoir perdu vos achats. Cependant, il arrive de trouver des petits insectes qui viennent endommager et contaminer les grains et les céréales si on ne les protège pas adéquatement, surtout l'été quand on laisse les fenêtres ouvertes! De même, si votre demeure est humide, ces produits risquent davantage de moisir.

Le truc est simple: dès que vous achetez ces produits, transvidez-les dans des pots en verre ou en plastique hermétiques qui resteront dans l'armoire. De cette façon, vous êtes assuré de protéger vos produits céréaliers de tout risque. Pensez à étiqueter les contenants, surtout si vous décidez d'expérimenter des grains que vous connaissez moins comme le quinoa, le teff ou le sorgho, par exemple.

Les grains entiers : plus fragiles

Les grains entiers possèdent trois parties : le son, le germe et l'endosperme. Lorsque les grains sont raffinés, pour faire de la farine blanche par exemple, on retire le germe et la majeure partie du son. Ce procédé a notamment pour objectif d'augmenter la durée de vie des produits à base de grains céréaliers. En effet, le germe contient une petite quantité de gras, ce qui rend plus fragiles les produits faits à partir de grains entiers.

Cependant, en retirant certaines parties du grain, on jette carrément une partie des nutriments essentiels, dont des fibres. C'est pour cette raison que vous entendez toujours les nutritionnistes vous dire qu'il faut manger des produits à base de grains entiers ! Cependant, bien qu'ils soient plus nutritifs, les grains entiers se conservent moins longtemps. Pour éviter que les produits contenant des grains entiers ne rancissent trop rapidement, il est conseillé de les conserver au congélateur.

Cacher les huiles

La lumière, la chaleur et l'oxygène sont les principaux ennemis des huiles végétales. Lorsque les trois sont réunis, les huiles se détériorent rapidement et deviennent rances. Les huiles rances développent une odeur désagréable qui ressemble à de la peinture à l'huile. Il vaut mieux les jeter.

Pour qu'elles se conservent plus longtemps, elles doivent être entreposées dans un contenant hermétique, à l'abri de la lumière et au frais. Le bas des armoires ou le réfrigérateur constituent des endroits idéaux.

L'huile d'olive se conserve à température de la pièce pendant environ un an alors que les huiles végétales plus fragiles, comme les huiles non raffinées de noix et de graines, se conservent de deux à six mois après l'ouverture, dans le réfrigérateur.

Les huiles raffinées, de canola ou de tournesol par exemple, se conservent six mois après l'ouverture. Lors de votre prochain achat d'huile, achetez une quantité qui tienne compte de leur durée de vie ainsi que de votre utilisation.

Faire ses conserves

Faire des conserves d'aliments à la maison est une technique qu'il vaut vraiment la peine d'apprendre, juste pour le plaisir de profiter des fruits et des légumes pendant une période où ils sont rares. C'est avantageux d'un point de vue économique, car ils sont souvent moins chers pendant la saison des récoltes. D'un point de vue écologique, faire ses conserves permet d'acheter une grande quantité d'aliments locaux et diminue la quantité de ceux-ci qui pourraient se retrouver au dépotoir.

Il existe deux méthodes de mises en conserve — à l'eau bouillante et sous pression — selon que les aliments sont acides ou non. Les confitures, les gelées, les jus de fruits, les fruits, les salsas, les chutneys, les marinades et les tomates/sauces tomate acidifiées (avec de l'acide citrique ou du jus de citron) sont considérés comme acides. Leur pH aide à prévenir la prolifération de bactéries pathogènes. D'un autre côté, les soupes, les ragoûts, les viandes, les légumes non marinés, les fruits de mer et les sauces tomate à la viande ou aux légumes sont des aliments peu acides. Ils nécessitent un traitement particulier pour éviter que les bactéries ne s'y développent.

MIEUX CONSERVER LES ALIMENTS

Mise en conserve

TECHNIQUE

Matériel

Pots de type Mason

Couvercles neufs avec bord en caoutchouc

Bagues de métal

Pinces

Grande marmite

Support à conserve ou grille à pâtisserie

Entonnoir

Louche

Spatule en caoutchouc

Marmite à pression (pour les aliments peu acides)

Méthode

1. Trouver une recette d'une source fiable qui est adaptée aux pots de type Mason et qui indique la température et le temps de traitement à la chaleur.

2. Vérifier les pots pour être sûr qu'ils ne sont pas fêlés. Les couvercles ne doivent pas avoir d'égratignures. Laver le tout à l'eau chaude savonneuse (ou au lave-vaisselle) et rincer.

141

3. Plonger les pots et les couvercles dans la marmite remplie d'eau et faire chauffer sans bouillir. Les maintenir dans l'eau jusqu'au moment de la mise en conserve. Les bagues peuvent rester de côté.

4. Suivre la recette et préparer les aliments.

5. À l'aide des pinces, sortir les pots chauds de la marmite et y verser votre préparation sans aller jusqu'au rebord. Laisser un espace allant de 0,5 cm à 1 cm pour les aliments acides et de 2,5 cm pour les aliments peu acides. Consulter la recette.

6. À l'aide de la spatule, retirer les bulles d'air qui auraient pu se former.

MIEUX CONSERVER LES ALIMENTS

Essuyer les rebords du pot avec un linge propre et humide.

8. Déposer le couvercle sur le pot et resserrer la bague jusqu'à ce qu'une petite résistance se fasse sentir

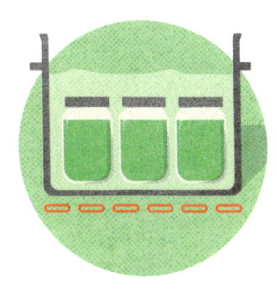

9a. (Aliments acides) Plonger les bocaux dans la marmite d'eau bouillante et les laisser pour tout le temps de traitement demandé par la recette. Lorsque le temps est écoulé, éteindre la cuisinière, attendre 5 minutes, puis retirer les bocaux. Ne pas resserrer les bagues.

9b. (Aliments peu acides) Plonger les bocaux dans la marmite à pression. Fermer la marmite et amener à pression. Laisser pour tout le temps demandé par la recette. Lorsque le temps est écoulé, retirer la marmite à pression du feu et laisser la pression retomber à zéro avant de l'ouvrir.

10. Déposer les bocaux sur un linge et les laisser reposer 24 heures, sans y toucher.

11. Le lendemain, vérifier si les sceaux se sont créés en exerçant une légère pression au centre du couvercle. Il devrait être courbé vers le bas. Si c'est le cas, retirer la bague et soulever le pot à l'aide du couvercle. Si ce dernier ne bouge pas, le sceau est bien créé. Les pots mal scellés doivent subir un nouveau traitement à la chaleur ou être entreposés au réfrigérateur et consommés rapidement.

Apprendre à mariner les aliments

Allez sur n'importe quel blogue de recettes ou sur Pinterest et vous êtes assuré de tomber sur des recettes d'aliments marinés. Cette technique de conservation des aliments est très populaire et avec raison. Oubliez les simples cornichons ou betteraves marinées du commerce ! On parle ici de recettes qui vont amuser vos papilles et charmer vos convives.

Généralement, le marinage des aliments nécessite du vinaigre, du sel, du sucre (les trois ingrédients qui protègent contre les bactéries, les levures et les moisissures), des épices et des herbes. Ce sont ces ingrédients qui constituent la saumure. Veillez à utiliser du sel à marinage ou du sel casher qui ne contiennent pas d'additifs ou d'iode, sinon vous risquez d'avoir une saumure embrouillée, ce qui n'est pas dangereux pour la santé, mais simplement moins beau !

Il est possible de conserver les pots d'aliments marinés à température de la pièce s'ils ont subi le traitement à la chaleur réservé aux aliments acides expliqué dans le truc précédent. Cependant, ce que j'aime du marinage, c'est qu'il existe une méthode encore plus facile qui ne nécessite pas de tremper les pots dans l'eau bouillante : le marinage au réfrigérateur.

TECHNIQUE

Marinage au réfrigérateur

Matériel

Pots en verre avec couvercle

Louche

Marmite

Méthode

1. Trouver une recette d'une source fiable. La plupart des recettes de marinage qui impliquent un traitement à la chaleur peuvent être transformées en marinage au réfrigérateur.

2. Nettoyer les pots à l'eau chaude savonneuse (ou au lave-vaisselle) et les rincer.

3. Suivre la recette et préparer les aliments.

4. Insérer les fruits et les légumes crus, blanchis ou cuits dans les pots. Veiller à ce qu'ils soient bien serrés.

5. Verser la saumure bouillante dans les pots pour recouvrir complètement les aliments.

6. Fermer les pots, les laisser refroidir légèrement et les mettre au frigo.

7. Laisser mariner 2 ou 3 semaines avant d'ouvrir les pots. Les pots se conservent 2 à 3 mois au réfrigérateur sans problème, même après ouverture.

J'aime les aliments marinés dans les sandwichs ou les salades. Ils donnent un «punch» différent.

Prendre soin des herbes fraîches

Avouons-le, les fines herbes sont souvent vendues en trop grande quantité pour l'utilisation qu'on leur réserve. Si on n'en fait rien, inévitablement, elles finissent par se faner avant qu'on puisse les manger toutes.

Pour conserver les fines herbes le plus longtemps possible, le meilleur truc reste de couper la base des tiges et de les mettre dans un contenant, les pieds dans l'eau (comme un bouquet de fleurs), au réfrigérateur. Elles se conservent environ une semaine de cette façon. Il est préférable de changer l'eau chaque jour.

Sinon, vous pouvez emballer les fines herbes dans un papier essuie-tout légèrement humide et les insérer dans un sac refermable, au réfrigérateur. Ne les lavez pas au préalable, sauf si elles

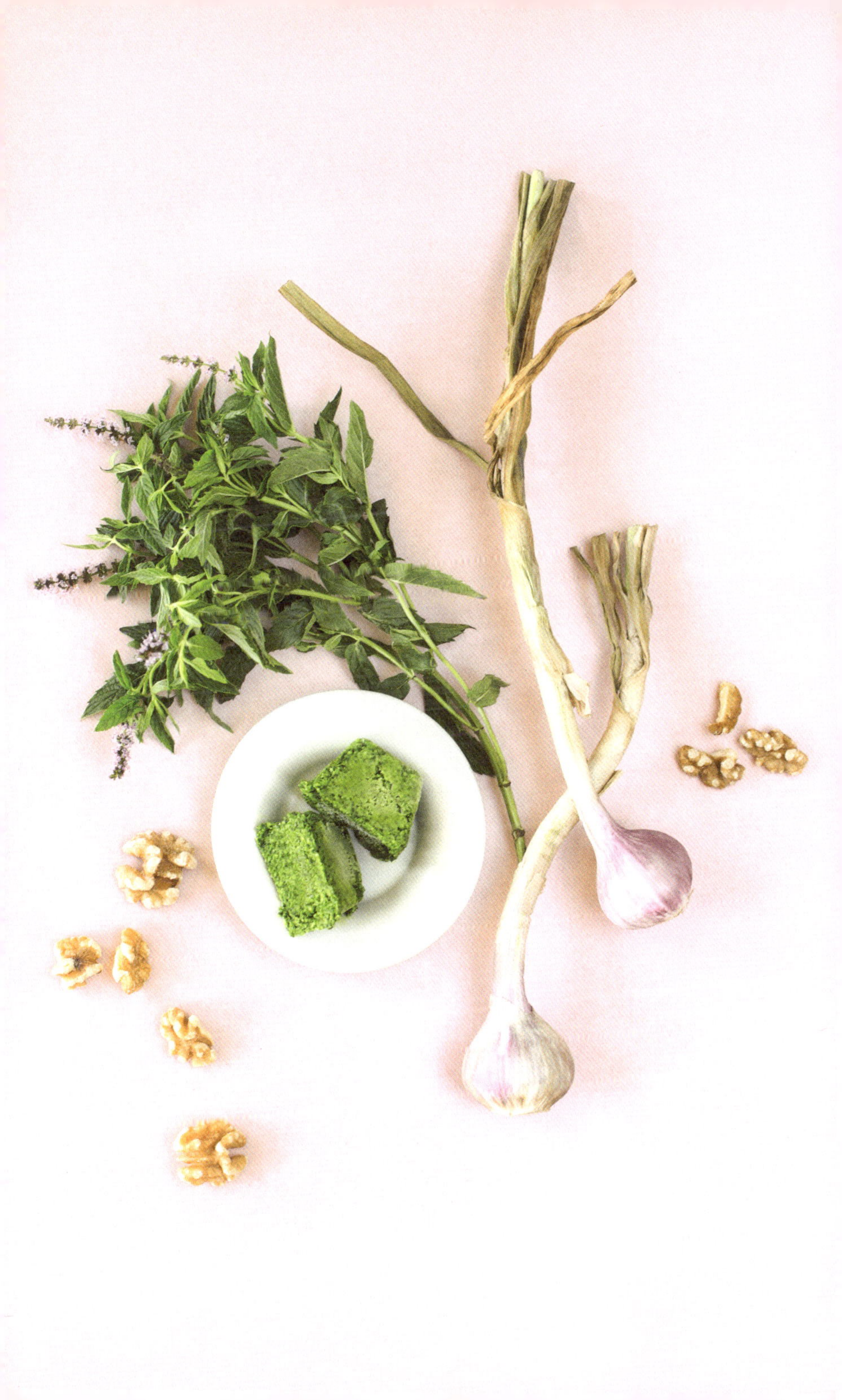

sont couvertes de terre ou de sable. Si c'est le cas, lavez-les, mais assurez-vous qu'elles soient totalement sèches avant de les ranger dans le sac, sinon elles risquent de pourrir. Avec cette technique, les fines herbes se conservent environ une semaine.

Sécher ou congeler des fines herbes fraîches

Même avec les meilleurs soins, il arrive que les fines herbes se mettent à dépérir après un certain temps. Si vous n'avez pas eu le temps de cuisiner vos fines herbes avant ce moment fatidique, le séchage ou la congélation sont des techniques qui vous permettront de tirer le maximum de vos achats !

Pour sécher les fines herbes, prenez suffisamment de tiges pour former un petit bouquet, attachez-les et suspendez-les la tête à l'envers dans un endroit sombre, frais et aéré. En moins d'une semaine, les herbes sont sèches et il est possible de les conserver dans des pots hermétiques. L'origan, la marjolaine, le thym, le romarin, la menthe et la sarriette se prêtent bien au séchage.

Le basilic, la menthe, la ciboulette, la coriandre et le persil peuvent être hachés finement au robot culinaire puis mélangés avec de l'huile ou de l'eau pour faire un « faux pesto ». On les met ensuite dans des moules à glaçons. Une fois les glaçons de « faux pesto » congelés, placez-les dans un sac refermable et utilisez-les à votre guise, par exemple dans un potage, sur des pâtes, sur du tofu ou du poisson.

Les fines herbes congelées conservent mieux leur goût que les herbes séchées.

Oublier le basilic en pot

Le basilic est une plante particulièrement fragile une fois coupée. C'est une des raisons pour lesquelles on trouve de plus en plus de plants en pots au supermarché. Souvent, ces plantes ont été cultivées en système hydroponique, les racines constamment dans l'eau. Pour cette raison, le plant doit être gardé à la température ambiante et sa terre doit constamment être trempée.

Toutefois, n'espérez pas le conserver longtemps de cette façon. Il y a souvent trop de jeunes plants dans le même pot et, comme on ne leur donne plus de nutriments, il y a peu d'espoir qu'ils arrivent à maturité. C'est une des raisons pour lesquelles les plants dépérissent rapidement. Ils sont cultivés pour pousser et être consommés rapidement. À l'image de notre système alimentaire, quoi !

De plus, comme ces plants comprennent un pot en plastique, un sac de plastique et de la terre, ce n'est pas très heureux d'un point de vue environnemental et dans une optique de réduction des déchets, surtout quand on sait que son temps de survie est limité. De grâce, si vous décidez d'acheter des plants en pots, ne jetez pas le tout une fois que la plante est morte. Réutilisez au moins le terreau et le pot pour y faire pousser autre chose.

Cela étant dit, en les transplantant dans des pots plus grands et en leur donnant un peu de compost, ou en les plantant au jardin, vous aurez de meilleurs résultats. De cette façon, le processus sera plus rapide que de planter des graines de basilic. Si vous avez un peu plus de patience, je vous encourage plutôt à faire pousser le basilic à partir de semences. C'est moins cher, plus simple et les résultats sont meilleurs, mais évidemment, c'est un peu plus long.

Le basilic est la plante que je vois le plus souvent vendue en pot dans les supermarchés. Cependant, d'autres font leur apparition de temps en temps. Le romarin et le thym sont deux plantes que vous pouvez acheter et transplanter dans des pots plus grands et qui donnent de bons résultats.

Traiter les fruits et les légumes aux petits oignons

Les aliments ont tous des petites particularités qu'il faut connaître pour les conserver adéquatement. Voici une liste non exhaustive de trucs et astuces pour conserver les aliments le plus longtemps possible.

— Mettez quelques gouttes de jus de citron ou de lime sur un avocat tranché pour le conserver plus longtemps. Je les range dans des pots refermables pour diminuer le contact avec l'air.

— Lorsque la banane est trop mûre, enlevez la pelure et mettez-la dans un sac au congélateur. Lorsque j'ai trois ou quatre bananes mûres au congélateur, je cuisine un pain aux bananes.

— La plupart des petits fruits gagnent à être entreposés au réfrigérateur, à plat, dans un contenant recouvert d'un essuie-tout qui absorbe l'excès d'humidité. Si vous en avez trop, n'hésitez pas à les congeler!

MIEUX CONSERVER LES ALIMENTS

— Les melons intacts se conservent quelques jours à la température de la pièce. Lorsqu'ils sont coupés, placez-les dans le réfrigérateur.

— Tous les agrumes (pamplemousse, orange, mandarine, citron, lime) doivent être conservés dans le réfrigérateur. Ils se conserveront beaucoup plus longtemps.

— S'il n'est pas déjà emballé de plastique, gardez le concombre dans un sac de plastique pour éviter qu'il se dessèche trop rapidement.

— Percez un trou dans le sac des carottes pour que l'excès d'humidité puisse s'échapper.

— Conservez les champignons dans un sac de papier au réfrigérateur pour permettre une certaine circulation d'air.

— Les oignons ne devraient pas aller au réfrigérateur, car ils détestent l'humidité. Il vaut mieux les conserver dans un endroit frais, sec et sombre. Il en va de même pour les pommes de terre, mais ne les entreposez pas à côté des oignons, car cela diminue le temps de conservation.

— Tout comme les fines herbes, les asperges, les oignons verts, la bette à carde et la laitue aiment avoir les pieds dans l'eau, dans le réfrigérateur. Ils restent ainsi croquants plus longtemps. Changez toutefois l'eau chaque jour. Le brocoli qui commence à ramollir peut bénéficier du même traitement.

— Si vous avez oublié de tremper leur pied dans l'eau, il est possible de couper la laitue, le kale, la bette à carde ou le céleri flétris ou mous et de les tremper dans un bol d'eau au réfrigérateur. En quelques heures, ils seront redevenus parfaitement croquants.

> **TRUC**
>
> ### Comment se débarrasser des mouches à fruits (drosophiles)
>
> Lorsque vous laissez des fruits à température ambiante pour qu'ils mûrissent, il arrive parfois qu'il se forme un petit nuage de mouches à fruits. Et une fois qu'elles sont installées, difficile de s'en débarrasser… Ou du moins, c'est ce que je croyais avant de découvrir ce petit truc bien pratique.
>
> Les œufs des mouches à fruits se retrouvent naturellement sur la pelure des fruits que vous achetez. C'est de cette façon qu'elles arrivent à voyager autant. Même si elles sont inoffensives, leur présence dans nos fruits n'est pas désirée et nous oblige souvent à jeter les fruits contaminés qui commencent à pourrir.

MIEUX CONSERVER LES ALIMENTS

Pour vous en débarrasser rapidement, versez du vinaigre de cidre ou du vinaigre de vin dans un contenant. Versez-en suffisamment pour recouvrir le fond d'environ un centimètre de liquide. Laissez le contenant dans la cuisine, près des lieux où se trouvent les mouches. Ces indésirables ailées seront attirées par l'odeur du vinaigre de cidre, produit à partir de la fermentation de fruits, et iront se noyer dans le liquide. Remplacez le liquide chaque jour et en quelques jours, votre infestation sera réglée !

Cuisiner les aliments fatigués

Même si vous faites attention à vos aliments, même si vous les conservez convenablement et même si vous planifiez vos repas de la semaine, vous risquez de vous retrouver avec des aliments fatigués. Personne n'a envie de croquer dans une pomme ridée, de la coriandre flétrie ou du pain sec…

Tout n'est pas perdu! Il y a toujours moyen d'apprêter ces denrées fatiguées pour en faire des mets tout à fait délicieux. Je vous propose dans cette section quelques idées de recettes ou des trucs pour transformer des aliments qui prendraient habituellement le chemin des poubelles.

Quand vous aurez bien maîtrisé ces techniques, je vous invite même à passer à l'étape suivante : acheter des aliments fatigués au supermarché! Certains supermarchés et marchés publics vendent à prix très réduit des aliments qui sont sur le point de rendre l'âme. Ils n'ont pas toujours l'air appétissants, mais avec les bons trucs, on peut faire des miracles. Acheter ces aliments directement au marché, en plus de vous faire économiser, est une bonne façon de diminuer la quantité d'aliments qui se retrouvent dans les bennes à ordures.

Manger les fruits fatigués

Malgré toutes mes bonnes intentions, il arrive parfois que certains fruits « passent sous mon radar » et défraîchissent, cachés dans un recoin du réfrigérateur ou simplement sur le comptoir.

Je connais peu de sentiments plus désagréables que celui de croquer dans une pomme brune ou une pêche devenue farineuse. Juste à y penser, j'ai quelques frissons! Bref, au lieu de jeter ces fruits qui ne sont plus aussi intéressants à manger crus, je préfère leur donner une dernière chance en les cuisinant.

On peut les intégrer dans des gâteaux, des muffins, des croustades ou en faire des confitures. Une méthode très simple selon moi est d'en faire une compote.

> TRUC
>
> ## Compote rapide de fruits fatigués
>
> Couper tous les fruits, les mettre dans une casserole, ajouter un peu d'eau dans le fond pour éviter que ça brûle et laisser mijoter.
>
> Une fois que la texture semble intéressante, goûter la compote. Au besoin, ajouter du sirop d'érable ou du miel pour diminuer l'acidité.
>
> Selon les fruits, ajouter des épices. La compote de pommes ridées à la cannelle est un classique automnal ! J'aime aussi ajouter un trait d'essence de vanille à ma compote de poires. Vous pouvez certainement trouver d'autres recettes qui intègrent des épices ou suggèrent des mélanges de fruits, mais ce n'est pas essentiel pour la compote de fond de frigo ! Prenez ce que vous avez sous la main.
>
> Elle se conservera trois ou quatre jours au réfrigérateur. Il est également possible de la congeler ou de la mettre en conserve s'il y en a trop.

Si vous n'avez pas envie d'une compote, pourquoi ne pas essayer cette croustade de fruits fatigués ?

CUISINER LES ALIMENTS FATIGUÉS

RECETTE

Croustade de fruits fatigués

PORTIONS	PRÉPARATION	CUISSON
8	15 minutes	35 minutes

Ingrédients

1 litre (4 tasses) de fruits fatigués, pelés et coupés en dés

125 ml (½ tasse) de sirop d'érable

125 ml (½ tasse) de farine de blé entier

125 ml (½ tasse) de flocons d'avoine

60 ml (¼ tasse) de cassonade

1 pincée de sel

1 pincée de cannelle (facultatif)

80 ml (⅓ tasse) de beurre ramolli

Préparation

1. Préchauffer le four à 190 °C (375 °F).

2. Étendre uniformément les fruits dans un plat carré allant au four de 20 cm (8 po), légèrement beurré. Napper du sirop d'érable.

3. Dans un bol, mélanger le reste des ingrédients jusqu'à ce que la préparation ait la texture d'une chapelure grossière. Parsemer uniformément la préparation de flocons d'avoine sur les fruits.

4. Cuire au four préchauffé environ 35 minutes ou jusqu'à ce que le dessus de la croustade soit doré (surveiller vers la fin de la cuisson).

Consommer les légumes mous

Quand la vie vous donne un légume mou, réjouissez-vous ! Le meilleur truc pour ne pas jeter ces légumes, c'est de les congeler dès qu'ils commencent à ramollir. Gardez un sac ou un contenant refermable dans votre congélateur dans lequel vous mettrez tous ces végétaux moches. Je vous conseille de les couper grossièrement avant de les congeler. Lorsque c'est plein, c'est le temps du potage !

TRUC

Potage rapide de légumes mous

1. Faire revenir un oignon haché avec de l'huile dans une casserole.

2. Déposer tous les légumes mous dans la casserole et couvrir de bouillon de légumes ou de poulet. Des fines herbes, même flétries, peuvent également être jetées dans le bouillon pour rehausser les saveurs.

3. Porter à ébullition puis laisser mijoter. Quand les légumes sont tendres, broyer le tout au mélangeur ou avec un mélangeur à main.

4. Le potage peut être conservé au réfrigérateur trois ou quatre jours et se congèle bien.

CUISINER LES ALIMENTS FATIGUÉS

Transformer le pain sec

Tout d'abord, vous ne devriez jamais avoir besoin de ces trucs si vous suivez mes conseils pour bien utiliser le congélateur (voir page 134).

Malgré tout, il m'arrive parfois d'acheter trop de pain lorsque je reçois des amis (évidemment, tout le monde a décidé d'en apporter !) et je me retrouve avec des baguettes qui, le lendemain, ne sont plus aussi fraîches.

Premier truc : il est possible de ramener à la vie une baguette qui commence à durcir en la passant très rapidement sous un filet d'eau et en l'enfournant à 180 °C (350 °F) pendant quelques minutes. La vapeur qui se crée dans le four ramollit le pain et le rend aussi tendre que le jour qu'il a été cuit. Cependant, vous devez le manger pendant qu'il est encore chaud pour qu'il garde cette texture.

Si vos amis ont vraiment apporté une baguette chacun et que vous en avez assez de manger des sandwichs, vous pouvez transformer votre pain sec en chapelure.

TRUC — **Chapelure rapide de pain rassis**

1. Trancher la baguette et la mettre au four à 180 °C (350 °F), jusqu'à ce que le pain devienne assez sec pour s'émietter facilement.

2. Broyer le pain sec au robot culinaire.

3. La chapelure se conserve dans un pot fermé dans une armoire pendant plusieurs semaines ou au congélateur.

Puisque je viens d'une famille du Moyen-Orient, je suis très difficile sur le pain pita. Après quelques jours, je ne le trouve plus aussi frais. Pour régler ce problème, devinez ce que je fais. Bien sûr, il est mis au congélateur dès l'achat ! Cependant, vous pouvez également transformer le pain pita en croustilles très rapidement.

TRUC — **Croustilles de pain pita**

1. Couper le pain pita en triangles.

2. Badigeonner les morceaux d'un mélange d'huile et d'épices.

3. Les déposer sur une plaque à biscuits et les enfourner à 180 °C (350 °F) pendant 8 minutes, ou jusqu'à ce que le pain soit bien croustillant.

4. N'importe quelles épices peuvent être utilisées. Pour un goût moyen-oriental, privilégier le sumac et les graines de sésame, et utiliser de l'huile d'olive.

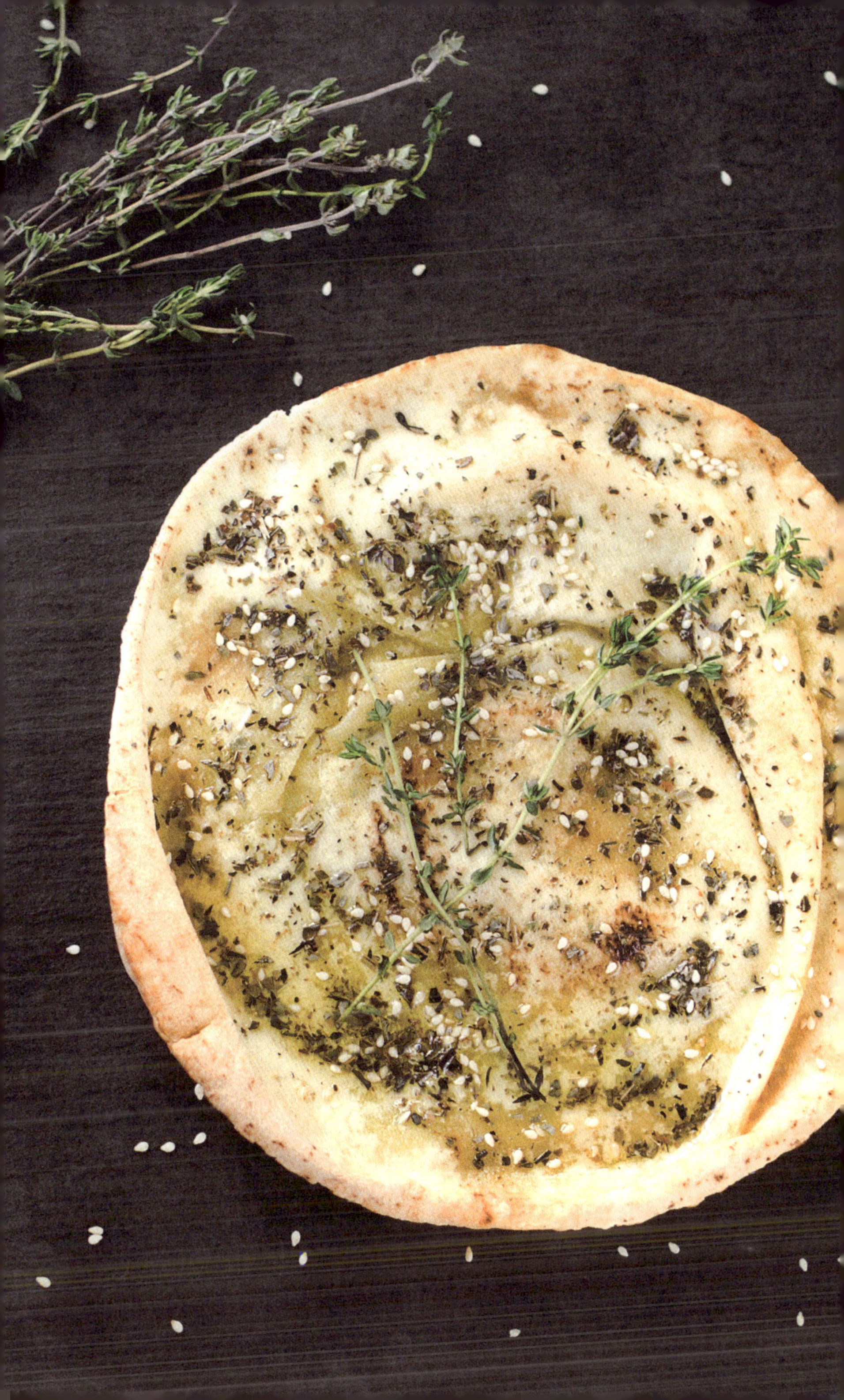

Cuisiner des parties d'aliments négligées

Vous seriez surpris du nombre de parties d'aliments qu'on jette qui sont pourtant comestibles. Je peux comprendre que votre premier réflexe dans la vie n'est pas de manger un cœur de pomme, des os de poulet, des feuilles de carottes, des pelures d'orange ou des tiges de chou kale, mais tous ces «déchets» peuvent trouver une utilité dans la cuisine.

Encore une fois, tirer le maximum de nos achats est la meilleure façon d'économiser et de diminuer notre production de déchets organiques.

Cuisiner un bouillon maison avec des déchets organiques

Avant de connaître ce truc, mes retailles des légumes, mes carapaces des fruits de mer ou mes carcasses de poulet se retrouvaient la plupart du temps dans la poubelle ou dans le compost. Maintenant, avant de m'en débarrasser, je cuisine des bouillons très savoureux.

Bouillon de légumes

Après les avoir lavées, je conserve les retailles de légumes (épluchures, tiges de fines herbes, extrémités de légumes) dans un sac refermable au congélateur. En passant, c'est plus facile de les laver quand elles sont encore sur le légume, plutôt qu'épluchées ! Quand le sac est plein, j'ai suffisamment de retailles pour cuisiner le bouillon.

1. Faire suer un oignon émincé avec un peu d'huile d'olive dans une casserole.

2. Y ajouter toutes les retailles de légumes et couvrir d'eau.

3. Assaisonner au choix : épices, herbes fraîches ou séchées et sel.

4. Porter à ébullition et laisser mijoter une trentaine de minutes.

5. Goûter le bouillon et rectifier l'assaisonnement au besoin.

6. Filtrer et jeter les retailles au compost.

Bouillon de poulet ou de fruits de mer

J'utilise la même technique que pour le bouillon de légumes, c'est-à-dire que je fais revenir un oignon avec de l'huile dans une casserole, je fais revenir les carcasses et je les couvre d'eau. Laissez-les bouillir au moins une heure pour aller chercher un maximum de saveur et ajoutez-y des assaisonnements au choix.

Les bouillons se conservent quelques jours au réfrigérateur. Il est possible (et préférable à mon avis) de les congeler pour une utilisation ultérieure.

Faire un sirop de cœurs de pommes

Pendant la saison des pommes, je profite de l'abondance pour cuisiner des compotes, des tartes et des croustades. Inévitablement, je me retrouve avec des pelures et des cœurs de pommes. Voici une belle idée pour leur donner une délicieuse deuxième vie avant de les mettre au compost. Le sirop de cœurs de pommes fait d'excellents cocktails ! Si vous cuisinez la croustade présentée en page 157, vous aurez les surplus nécessaires pour préparer ce sirop !

CUISINER DES PARTIES D'ALIMENTS NÉGLIGÉES

Sirop de cœurs de pommes

RECETTE

RENDEMENT	CUISSON	REFROIDISSEMENT
environ 250 ml (1 tasse) de sirop	10 minutes	45 minutes

Ingrédients

175 ml (¾ tasse) de sirop d'érable

175 ml (¾ tasse) du sucre

175 ml (¾ tasse) d'eau

Les pelures et les cœurs de 5 pommes du Québec (d'une pierre deux coups : avec les mêmes 5 pommes, on a une croustade et du sirop).

Préparation

1. Dans une casserole de taille moyenne, chauffer le sirop d'érable, le sucre et l'eau à feu moyen-vif en brassant à l'aide d'une cuillère de bois.

2. Lorsque le sucre est dissous au bout de 1-2 minutes, ajouter les pelures et les cœurs de pommes.

3. Porter à ébullition, puis baisser le feu et laisser mijoter 5 minutes.

4. Fermer le feu et laisser tiédir, puis infuser le mélange environ 45 minutes.

5. Filtrer le sirop tiédi à l'aide d'un chinois.

6. Le sirop obtenu est exquis dans une marinade, sur des crêpes, dans du yogourt nature, dans une vinaigrette ou pour sucrer un thé, ou un cocktail comme celui-ci.

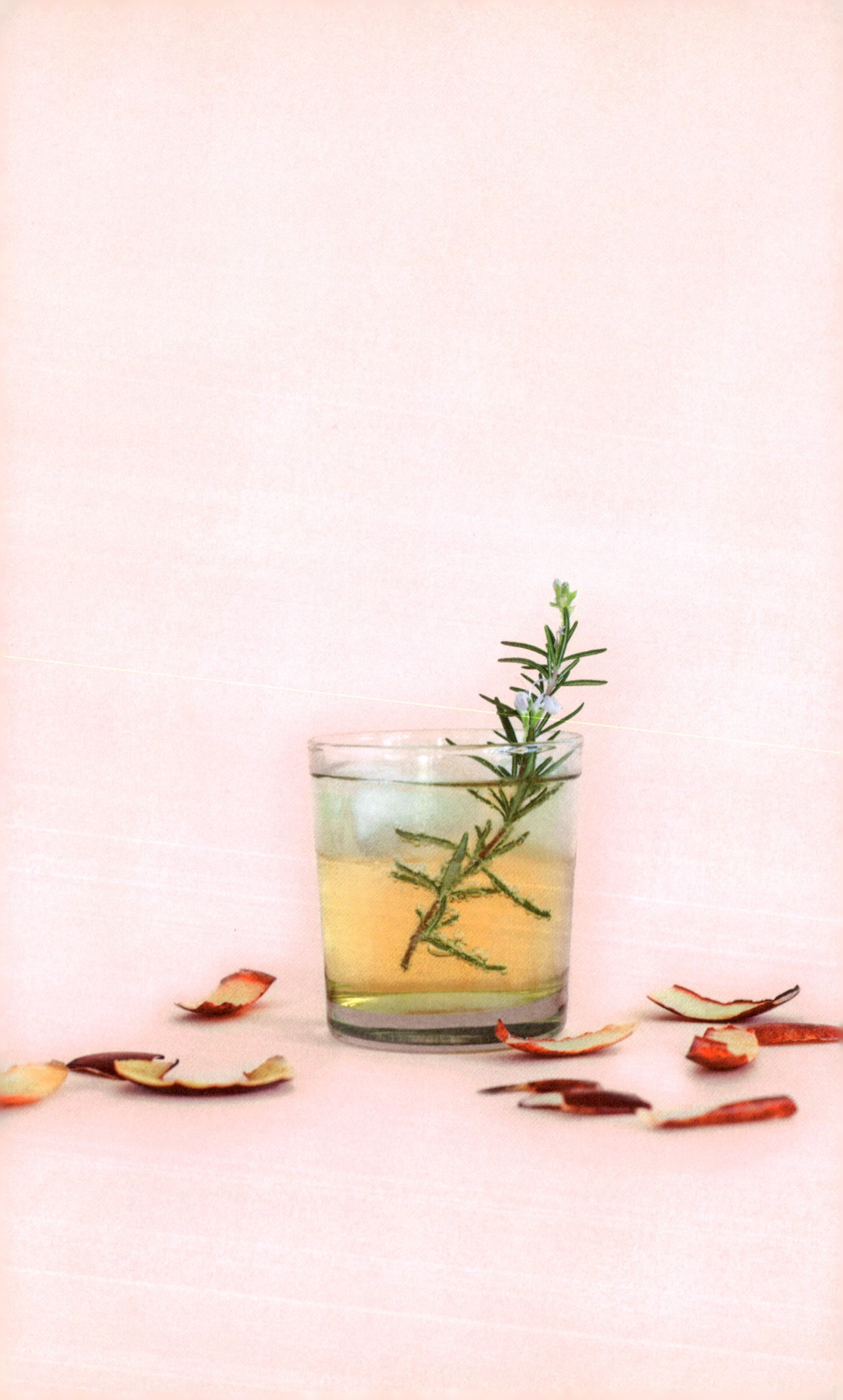

Cocktail au sirop de cœurs de pommes

Dans un verre à whisky, mélanger 30 ml (1 oz) de gin Ungava avec 15 ml (1 c. à soupe) de sirop de pommes (si vous préférez votre cocktail plus sucré, ajoutez-en davantage). Verser 80 ml (⅓ tasse) d'eau pétillante et mélanger à l'aide d'une cuillère ou d'une branche de romarin (qu'on laisse dans le verre en décoration). Ajouter des glaçons.

Manger les pelures d'agrumes

Qu'on parle de la lime, de l'orange, du citron, de la mandarine ou du pamplemousse, il est possible de zester la pelure des agrumes pour rehausser la saveur de plusieurs mets, de pâtisseries ou même de cocktails. Pour ce faire, on peut utiliser un zesteur ou une râpe. Il ne faut prendre que la partie colorée de la pelure, et non la partie blanche qui se trouve en dessous et qui est amère. Les zestes se congèlent.

Vous pouvez également décider de faire confire la pelure des agrumes.

RECETTE

Écorces d'oranges confites

RENDEMENT	PRÉPARATION	CUISSON
environ 1 litre (4 tasses) d'aiguillettes confites	10 minutes	60 minutes

Ingrédients

2 oranges

125 ml (½ tasse) d'eau

500 ml (2 tasses) de sucre

Environ 60 ml de sucre supplémentaire (facultatif)

Préparation

1. Nettoyer et brosser les agrumes sous l'eau chaude.

2. Couper les deux extrémités des oranges et les peler à vif (retirer la pelure en coupant le long de la chair des oranges de haut en bas). Utiliser la chair dans les salades, au déjeuner ou en collation.

3. Trancher la pelure en fines lamelles. On peut conserver le blanc de la pelure.

4. Mettre les morceaux dans une casserole, couvrir d'eau froide, porter à ébullition (ne pas laisser bouillir) puis égoutter les morceaux.

5. Répéter l'opération trois fois supplémentaires. Cela a pour effet de diminuer l'amertume de la pelure.

6. Dans la même casserole, faire un sirop en mélangeant l'eau et le sucre. Remettre les pelures dans le sirop et porter à ébullition.

7. Réduire le feu et laisser confire doucement pendant 30 minutes.

8. Pendant ce temps, couvrir une plaque à cuisson de papier parchemin et y placer une grille de refroidissement.

9. Égoutter* les pelures et les placer sur la grille en veillant à ce qu'elles ne se touchent pas (afin qu'elles ne collent pas entre elles).

10. Laisser sécher à l'air de 15 à 24 heures ou jusqu'à ce que les oranges soient moins collantes.

* Quand on égoutte les pelures, on peut récupérer le sirop, qui sera délicieux pour sucrer et parfumer des cocktails par exemple.

Facultatif : Placer les aiguillettes d'oranges dans un grand saladier et ajouter le sucre pour les enrober (recommandé pour

CUISINER DES PARTIES D'ALIMENTS NÉGLIGÉES

aider à finir de sécher les oranges et pour leur donner un beau look givré). On peut tremper une moitié des morceaux d'oranges confites dans du chocolat fondu.

Manger les fanes

Saviez-vous que les feuilles de plusieurs légumes racines se mangent ? On a souvent tendance à délaisser ces fanes au profit de la racine. Pourtant, dans le cas de la carotte, des betteraves et des radis, les feuilles sont comestibles et même délicieuses si elles sont apprêtées de la bonne façon. On peut les cuisiner en potage ou en pesto.

Je vous propose ici une recette de pesto de fanes de carottes qui ne manque absolument pas de saveur !

RECETTE

Pesto de fanes de carottes

RENDEMENT
environ 250 ml (1 tasse)

PRÉPARATION
15 minutes

Ingrédients

60 ml (¼ tasse) de noix de Grenoble, légèrement grillées

Les fanes de 2 petites bottes de carottes (environ 10 carottes avec fanes), hachées grossièrement

1 gousse d'ail

½ citron (le zeste et le jus)

60 ml (¼ tasse) de feuilles de menthe fraîche, tassées

60 ml (¼ tasse) de parmesan fraîchement râpé

Sel et poivre au goût

125 ml (½ tasse) d'huile d'olive

Préparation

1. Griller légèrement les noix quelques minutes dans le haut du four à *broil* (surveiller). Laisser tiédir.

2. Pendant ce temps, rincer les fanes des carottes, les hacher très grossièrement et les mettre dans le bol d'un robot culinaire.

3. Ajouter tous les autres ingrédients sauf l'huile d'olive.

4. Actionner le robot à quelques reprises, puis verser l'huile en filet dans le robot en le laissant en marche. À l'aide d'une spatule, nettoyer les parois du récipient et continuer d'actionner le robot jusqu'à ce que le mélange ait la consistance et l'apparence d'un pesto. (On peut mettre un peu moins ou un peu plus d'huile, selon la texture souhaitée).

5. Rectifier l'assaisonnement : c'est prêt à être utilisé !

Utilisation

Pâtes, risotto, garniture d'une soupe, à tartiner sur des croûtons, etc.

Manger les tiges de brocoli et de kale

Les feuilles de kale et les fleurons de brocoli sont les parties qu'on consomme le plus souvent. Les tiges, elles, ont plutôt tendance à terminer dans la poubelle. Comme avec les légumes mous, on peut conserver les tiges de kale et les pieds de brocoli dans un sac au congélateur. Quand le sac est plein, c'est le temps du potage.

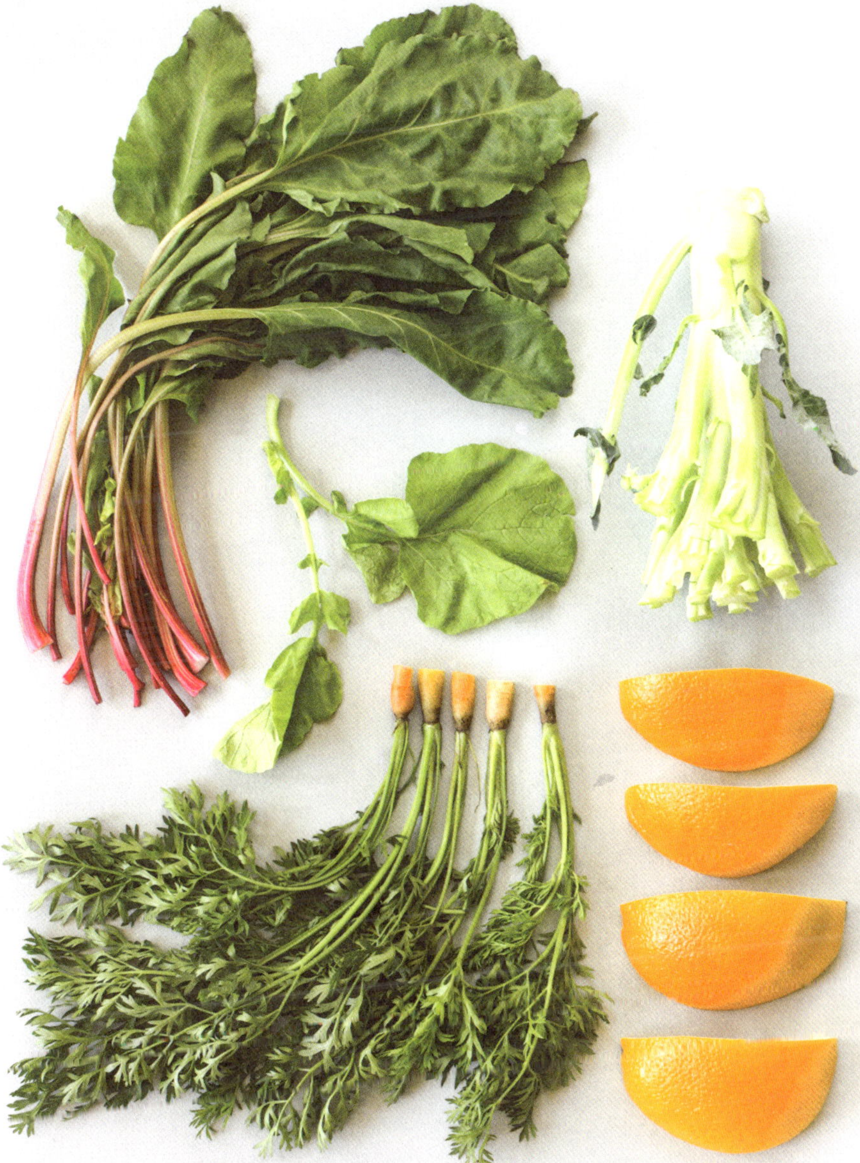

Les pieds de brocoli peuvent également être mélangés aux autres légumes dans les sautés asiatiques. Il suffit de les émincer pour que leur texture soit plus agréable.

RECETTE

Potage de pieds de brocoli et tiges de kale

PORTIONS	PRÉPARATION	CUISSON
4 à 6	15 minutes	60 à 75 minutes

Ingrédients

15 ml (1 c. à soupe) d'huile d'olive ou de canola

2 oignons

4 gousses d'ail

15 ml (1 c. à soupe) de gingembre frais haché

10 ml (2 c. à thé) de cari moulu

Sel et poivre

6 pieds* de brocoli (sans les fleurons), en tronçons (environ 1 litre de tronçons)

500 ml (2 tasses) de tiges de kale, en tronçons (ou autre légume qui devient moins frais)

1 pomme de terre (environ 250 ml/1 tasse en cubes)

1,5 litre (6 tasses) de bouillon de poulet ou de légumes

375 ml (1 ½ tasse) de lait (plus ou moins selon la texture désirée)

Préparation

1. Dans une grande casserole, chauffer l'huile à feu moyen et y faire revenir les oignons 2 ou 3 minutes.

2. Ajouter l'ail et le gingembre. Mélanger et cuire une minute.

CUISINER DES PARTIES D'ALIMENTS NÉGLIGÉES

3. Ajouter le cari, le sel et le poivre. Mélanger et cuire une minute.

4. Ajouter les brocolis, les tiges de kale et la pomme de terre. Mélanger.

5. Couvrir avec le bouillon et porter à ébullition.

6. Baisser le feu, couvrir en laissant une fente pour que la vapeur puisse s'échapper, et laisser mijoter doucement de 45 à 60 minutes, jusqu'à ce que les tronçons de brocolis soient tendres.

7. Passer au pied mélangeur afin que le potage soit parfaitement lisse.

8. Ajouter le lait, rectifier l'assaisonnement et servir.

* Note : Ne pas peler les pieds de brocoli. À l'aide d'un couteau d'office, simplement retirer les parties des tiges qui pourraient être séchées ou plus foncées. La longue cuisson du potage permet de ramollir l'extérieur des tiges et de gaspiller le moins possible de ses brocolis.

Manger les graines de courges

J'ai de la difficulté à croire qu'on jette encore les graines de courge. Étant donné le prix auquel elles se vendent sur le marché, on serait fou de s'en passer ! Les récupérer est très simple. Il suffit de les nettoyer pour enlever le maximum de chair et de les faire sécher au four sur une plaque à biscuits à 120 °C (250 °F) pendant environ 45 minutes ou jusqu'à ce qu'elles soient dorées. Il faut brasser de temps en temps pour éviter qu'elles brûlent.

Elles se conservent dans un contenant fermé dans l'armoire. Vous pouvez également les congeler pour éviter que l'huile naturelle qu'elles contiennent ne rancisse et change le goût. On peut les intégrer à nos recettes de biscuits, de gâteaux, de barres tendres ou les ajouter aux céréales à déjeuner, les saupoudrer sur du yogourt ou dans des mélanges de noix et de fruits séchés.

Ce que j'aime le plus, c'est les assaisonner avec un mélange de sucre, de sel et d'épices.

RECETTE

Graines de citrouille sucrées-salées

Ingrédients

1 ml (¼ c. à thé) de fleur de sel

2 ml (½ c. à thé) de cinq-épices moulu

60 ml (¼ tasse) + 30 ml (2 c. à soupe) de sucre d'érable

15 ml (1 c. à soupe) d'huile d'olive

250 ml (1 tasse) de graines de courge bien asséchées (voir p. 173)

Préparation

1. Dans un grand bol, mélanger la fleur de sel, le cinq-épices et 30 ml (2 c. à soupe) de sucre d'érable. Réserver.

2. Dans une poêle, chauffer l'huile à feu moyen. Ajouter les graines de courge et le reste du sucre d'érable (60 ml). Brasser jusqu'à ce que le sucre fonde.

3. Verser les graines dans le bol d'épices et brasser pour que le mélange adhère.

4. Laisser refroidir sur une plaque à biscuits recouverte de papier parchemin avant de servir (je parie que vous ne pourrez pas attendre!).

Note : N'hésitez pas à varier les épices en fonction de vos goûts.

Dévorer les citrouilles d'Halloween

Chaque année, à l'Halloween, des milliers de citrouilles sont vidées, découpées, décorées et installées dans les fenêtres et sur les balcons, pour le plus grand bonheur des enfants (et des adultes aussi, il faut l'admettre). Malheureusement, le 1er novembre, toutes ces courges se retrouvent habituellement à pourrir sur le perron ou sur le bord de la rue en attendant la collecte de déchets suivante.

Décorer des citrouilles fait partie de la culture alimentaire québécoise, et je serais triste de voir cette tradition disparaître. Cependant, cela fait beaucoup de gaspillage d'aliments qui pourraient être consommés.

Pour remédier à cette situation, plusieurs options s'offrent à vous :

Décorez la citrouille sans la creuser. Vous pouvez y poser des collants, des rubans, des insectes découpés en papier, des yeux de plastique, etc. De cette façon, vous ne mettez pas de produit toxique qui peut passer à travers l'écorce et vous pourrez manger la citrouille sans problème dès le lendemain. (Si vous optez pour le plastique, gardez les décorations d'année en année!)

Videz la citrouille un ou deux jours avant l'Halloween et posez du papier d'aluminium à l'intérieur pour protéger la chair de la flamme si vous y mettez une chandelle. En posant une fausse bougie, vous n'avez pas besoin de protéger la chair. Mettez la citrouille au réfrigérateur dès que la soirée est terminée. Il faut récupérer la chair rapidement.

Videz la citrouille en vue de la décorer et récupérez la chair sans briser l'écorce. C'est possible! Il s'agit toutefois de la méthode qui demande le plus d'effort et de patience. Une fois que vous avez ouvert et vidé la citrouille de ses graines, le plaisir commence. À l'aide d'une cuillère parisienne (mieux connue sous le nom de cuillère-pour-faire-des-boules-de-melon), grattez la chair crue. Cela produira des rubans de chair qui peuvent être cuits pour faire des potages ou de la purée de citrouille. Surtout, congelez les surplus pour en profiter le plus longtemps possible!

En passant, un petit rappel : les graines de la citrouille se mangent, alors ne les jetez pas! (Voir le truc p. 173)

Produire sa nourriture

Nous sommes tellement déconnectés de l'origine des aliments qu'on oublie souvent d'où ils proviennent. Je crois que si nous comprenions un peu mieux comment sont arrivés cette laitue, cette carotte ou cet œuf dans nos assiettes, et qu'on réalisait l'effort qui a été mis pour arriver à les produire, nous serions plus consciencieux de ce qu'on achète et de ce qu'on jette.

Les trucs de cette section remplissent certainement ce rôle. Il n'y a rien de plus gratifiant que d'arriver à produire de la nourriture chez soi. Même si le but n'est pas de devenir totalement indépendant d'un point de vue alimentaire, vous constaterez que les aliments n'apparaissent pas du jour au lendemain. Je vous présente tout de même quelques trucs faciles et rapides pour faire pousser des champignons ou faire ses propres germinations et pousses, mais vous pourriez vouloir pousser l'expérience plus loin et tenter de produire d'autres aliments. Je présente donc les rudiments du jardin potager en pots, qui se prête autant à la vie urbaine que rurale.

En plus de ce rôle de sensibilisation, ces trucs et conseils ont un réel impact positif sur l'environnement. Non seulement vous produisez des aliments locaux et sans emballage, mais vous pouvez aussi décider de n'utiliser que des engrais respectueux de l'environnement et ainsi produire des aliments biologiques.

Ce sont, pour la plupart, des expériences très intéressantes à faire avec des enfants, mais je vous promets que vous serez aussi excités qu'eux lorsque votre première graine va germer. C'est ça aussi, la beauté de produire ses aliments.

Faire ses germinations et ses pousses

Les germinations et les pousses représentent la culture par excellence des jardiniers urbains qui, comme moi, disposent de peu d'espace. Ce sont des légumes frais qu'on peut faire pousser été comme hiver, sans engrais ou pesticides. Il existe une multitude de semences différentes qui possèdent des goûts variés et qui agrémentent vraiment bien les repas.

Germination ou pousse ?

Les germinations sont les semences qui commencent à pousser, mais qui n'ont pas encore complètement développé de feuilles. Elles se cultivent à l'humidité, à la noirceur ou à la lumière indirecte.

Les pousses prennent un peu plus de temps, car elles comportent au moins deux feuilles qui sont complètement formées. Elles se cultivent sur un terreau à la lumière.

Il existe des dizaines de semences qui se prêtent bien à la germination : luzerne, trèfle, radis, canola, brocoli, kale, chou, lin, chia, moutarde, cresson, avoine, blé, orge, riz, seigle, amarante, millet, teff, quinoa, sarrasin, haricot azuki, haricot mungo, lentille, pois jaune, pois chiche, tournesol…

Cultiver des germinations

1. Trier les grains pour retirer ceux qui sont endommagés. Pour les grains qui sont très petits, il est possible de sauter cette étape.

2. Couvrir le fond du pot de 3 à 4 épaisseurs de grains. Éviter d'en mettre davantage.

3. Fixer une moustiquaire sur l'ouverture du pot à l'aide d'un élastique. Vous pouvez utiliser tout autre matériel qui permet la circulation de l'air tout en retenant les grains au moment du rinçage. Les pots conçus spécifiquement pour la germination possèdent déjà un couvercle adéquat.

4. Laver les grains à l'eau tiède et égoutter.

5. Laisser tremper dans trois fois le volume d'eau tiède toute la nuit.

6. Le lendemain, vider l'eau de trempage, rincer à l'eau tiède et égoutter.

7. Placer le pot à 45 degrés pour favoriser l'égouttement. Recouvrir le pot d'un linge pour protéger les germinations de la lumière tout en laissant l'ouverture libre pour assurer une circulation d'air.

8. Rincer 2 fois par jour, matin et soir et égoutter pour éviter le développement de moisissures.

9. Aussitôt que les deux premières petites feuilles apparaissent, découvrir le pot et le placer à la lumière indirecte pour permettre à la chlorophylle de se développer. Elle donnera une couleur verte aux germinations.

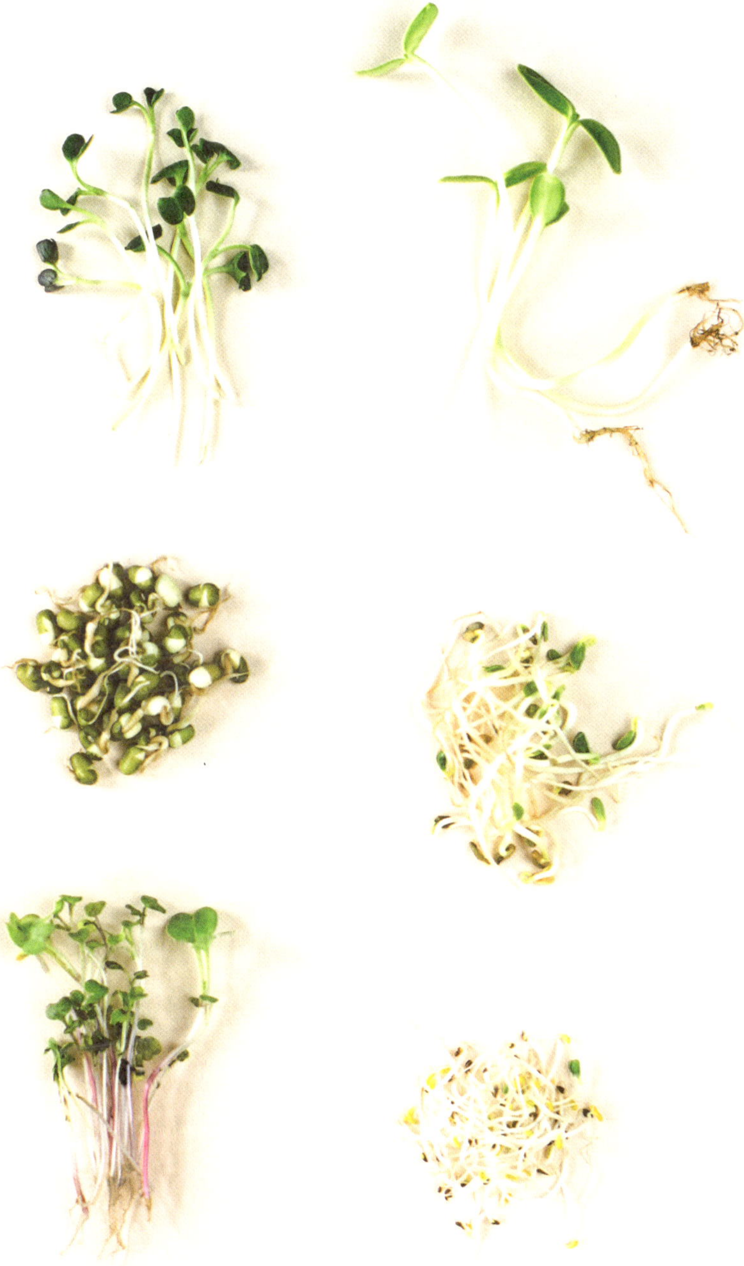

Les germes se conservent jusqu'à cinq jours au frigo. Lavez-les avant de les consommer. Si une odeur suspecte se développe, jetez le tout au compost.

Cultiver des pousses

1. Trier les grains pour retirer ceux qui sont endommagés. Avec les grains très petits, il est possible de sauter cette étape.

2. Dans un contenant, laisser tremper les grains dans trois fois le volume d'eau tiède toute la nuit.

3. Égoutter et laisser dans l'obscurité jusqu'à ce qu'un petit germe apparaisse.

4. Étendre 2 à 3 cm de terreau sur un plateau ou un contenant à pousses et saturer d'eau.

5. Semer les grains germés afin de recouvrir complètement le terreau.

6. Recouvrir d'un couvercle transparent ou d'un tissu pour conserver l'humidité.

7. Lorsque les pousses mesurent de 3 à 5 cm, découvrir et placer à la lumière. Arroser seulement si le terreau semble très sec.

Les pousses sont prêtes lorsque les deux premières feuilles sont complètement formées. On peut les couper avec des ciseaux. Elles se conservent au réfrigérateur environ cinq jours dans un sac refermable où l'on a inséré un morceau de papier pour absorber l'humidité. Lavez-les avant de les consommer. Si une odeur suspecte se développe, jetez le tout au compost.

Les pousses et germinations s'intègrent bien partout : dans un sandwich ou une salade, avec de la viande, du tofu ou du poisson, sur une pizza, dans une soupe… Elles se mangent aussi nature ou avec une vinaigrette. Bref, ce sont des aliments très polyvalents.

Pousses et germinations : sécuritaire pour tous ?

Comme les plantes, les bactéries aiment les environnements chauds et humides. Les pousses et les germinations constituent un milieu de croissance très intéressant pour les bactéries. Les enfants de moins de deux ans, les femmes enceintes, les personnes âgées et celles avec un système immunitaire faible devraient s'abstenir de consommer ces aliments, surtout crus. Il est important de bien rincer les grains et les germinations tout au long du processus pour réduire la prolifération bactérienne.

Cultiver des champignons

J'adore les champignons et j'adore, du printemps à l'automne, faire mon plein de champignons sauvages du Québec. Le seul problème, c'est que, l'hiver, le choix devient plus restreint et, à l'exception des champignons de Paris ou des champignons séchés, on doit souvent s'attendre à sortir beaucoup d'argent de nos poches si on décide d'en manger.

Faire pousser des champignons à la maison n'est pas aussi difficile qu'on le croit. Il existe deux méthodes relativement simples pour cultiver les pleurotes, une culture considérée comme assez facile. Pour les débutants, je conseille de commencer par la première méthode avant de passer à la suivante.

Faire pousser des pleurotes à la maison

La méthode la plus simple est d'utiliser des trousses déjà prévues à cet effet. Elles contiennent habituellement un substrat, comme du marc de café, inoculé de mycélium (les « racines » du champignon), dans un sac de plastique.

PRODUIRE SA NOURRITURE

1. Humidifier le substrat en le baignant dans un grand bol d'eau pendant 12 heures.

2. Placer la trousse à la lumière indirecte.

3. Dès qu'elle sèche, humidifier la trousse à l'aide d'un vaporisateur.

4. Les champignons apparaissent en quelques jours.

5. Récolter juste avant que le collet ne se déroule complètement.

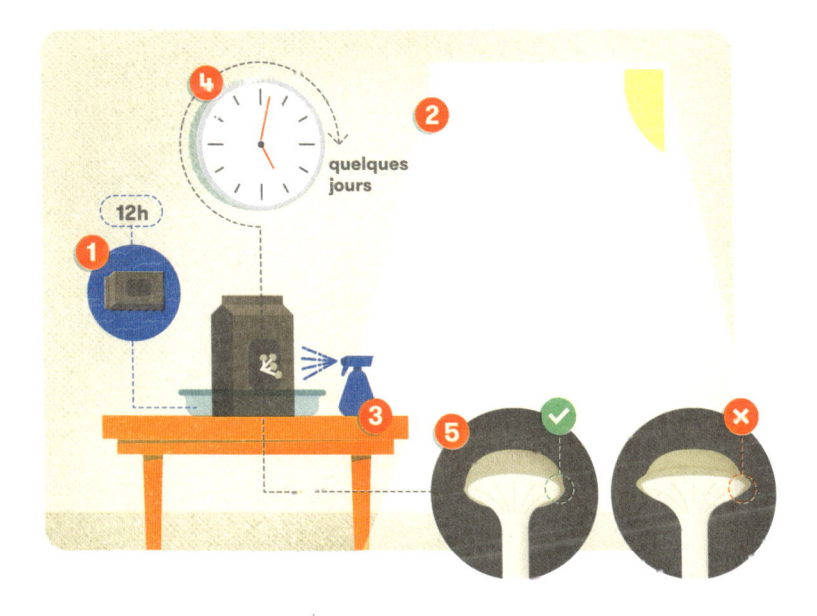

La trousse peut produire des champignons 2 ou 3 fois. Après cela, au lieu de mettre la trousse au compost, vous pouvez enterrer le mycélium dans le sol, à l'ombre et, parfois, des champignons poussent à nouveau.

Inoculer le marc de café

Une autre méthode permet de récupérer du marc de café et de créer sa propre trousse de culture. En fait, il faut nécessairement démarrer avec une souche. Vous pouvez trouver des blocs inoculés dans les magasins spécialisés en mycologie ou utiliser la trousse « prête à pousser » comme souche de départ.

1. Ramasser du marc de café. Le plus simple, c'est de prendre un grand sac de plastique qu'on garde au congélateur et dans lequel on met nos résidus de café chaque jour. Lorsque le sac commence à être plein, il faut le sortir pour l'inoculer. Plus le sac est gros, plus les champignons auront du substrat pour se nourrir.

2. Passer le marc de café dégelé au four à micro-ondes afin de le « stériliser ». Attendre qu'il refroidisse, puis inoculer le marc de café à l'aide d'une souche. Bien se laver les mains et défaire le bloc de substrat inoculé. Verser le tout dans le sac rempli de marc de café dégelé.

3. Brasser le tout pour que le mycélium se retrouve partout. Fermer le sac et le mettre dans un endroit sombre, à température ambiante. Après une semaine, vérifier l'état du marc de

PRODUIRE SA NOURRITURE

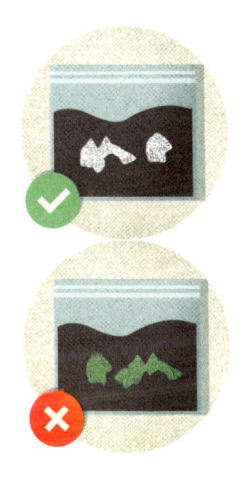

café. Il va tranquillement commencer à devenir blanc. C'est le mycélium qui pousse. Habituellement, en deux ou trois semaines maximum, le mycélium devrait avoir pris possession de l'entièreté du marc de café. Si des taches de couleurs autres que blanches sont apparentes, il s'agit de moisissures. Essayer de les enlever, mais il se peut que les champignons ne résistent pas à cette invasion et qu'ils ne poussent pas. Il vaut mieux recommencer.

4. Lorsque tout le marc de café est blanc, percer un trou de 5 cm x 5 cm dans le sac et arroser l'ouverture. Placer le sac à la lumière indirecte.

5. Dès que l'ouverture s'assèche, l'arroser.

6. Tout comme pour la trousse, les champignons vont commencer à apparaître après quelques jours. Les récolter avant que le collet ne se déroule complètement.

Faire pousser des fines herbes

Pour cultiver des fines herbes, tout ce dont vous avez besoin est une fenêtre très ensoleillée. Avec un minimum de six heures d'ensoleillement quotidien, tout est possible.

La plupart du temps, on n'a besoin que d'une petite quantité de fines herbes pour aromatiser nos plats. C'est un avantage, mais aussi un inconvénient lorsqu'on constate que les fines herbes fraîches peuvent coûter assez cher au supermarché pendant l'hiver, qu'elles se vendent dans des paquets souvent trop volumineux pour les besoins et qu'elles viennent fréquemment de loin. Raison de plus pour en cultiver !

Le thym, le romarin, la menthe et la ciboulette sont des plantes vivaces, c'est-à-dire qu'elles peuvent vivre plusieurs années. Vous pouvez donc les planter dans des pots assez larges et les sortir sur le balcon pendant l'été. Je vous conseille d'ailleurs de commencer par des plants achetés plutôt que de planter des semences afin d'avoir des herbes fraîches plus rapidement.

Le basilic, le persil, la coriandre et l'aneth sont des plantes annuelles, c'est-à-dire qu'elles ne vivent qu'un an. Les pots dans lesquels vous les plantez peuvent être moins gros que pour les vivaces. Cependant, comme toujours, plus vous leur donnez de l'espace, plus elles en profitent. Elles offrent de meilleurs résultats lorsqu'elles sont semées directement.

Si vous n'avez pas suffisamment d'ensoleillement pour faire pousser des fines herbes, vous pouvez toujours vous tourner vers l'éclairage artificiel. Cependant, d'un point de vue énergétique, c'est plus ou moins intéressant. Vous trouverez peut-être davantage votre bonheur avec les germinations, les pousses et les champignons, qui ne nécessitent pas beaucoup de lumière.

Commencer un potager de balcon

J'adore jardiner. Il y a quelque chose d'apaisant à mettre les mains dans la terre et à s'occuper de plantes. Lorsqu'on vit en ville, une partie de nous a besoin de reconnecter avec la nature.

Avant de savoir que je voulais devenir nutritionniste, j'aimais déjà cultiver des plantes pour le plaisir, mais je n'avais jamais vraiment pensé que je pouvais produire de la nourriture tout en m'adonnant à ce passe-temps. Adolescent, j'ai commencé par une petite parcelle sur le terrain de banlieue de mes parents. Quand je me suis installé à Montréal, mon potager était probablement l'une des choses dont je m'ennuyais le plus (après mes parents, évidemment!).

Cela fait deux ans que j'ai pris pleine possession de mes balcons. Pot par pot, contenant par contenant. J'ai probablement les balcons les plus fournis du voisinage. Je m'en suis rendu compte le jour où, pendant que j'étais penché, en train d'attacher un plant de tomates, mes voisins sont sortis et ont commencé à parler de «la jungle de leur voisin jardinier». J'ai simplement levé la tête pour les saluer et ils ont sursauté. Le feuillage épais de «ma jungle» me dissimulait.

Plusieurs bienfaits sont attribués à l'agriculture urbaine. Du point de vue de la santé, le jardinage urbain permet un moment de détente, un contact avec la nature, une activité physique et l'accès à des aliments frais. Jardiner en ville est également salutaire

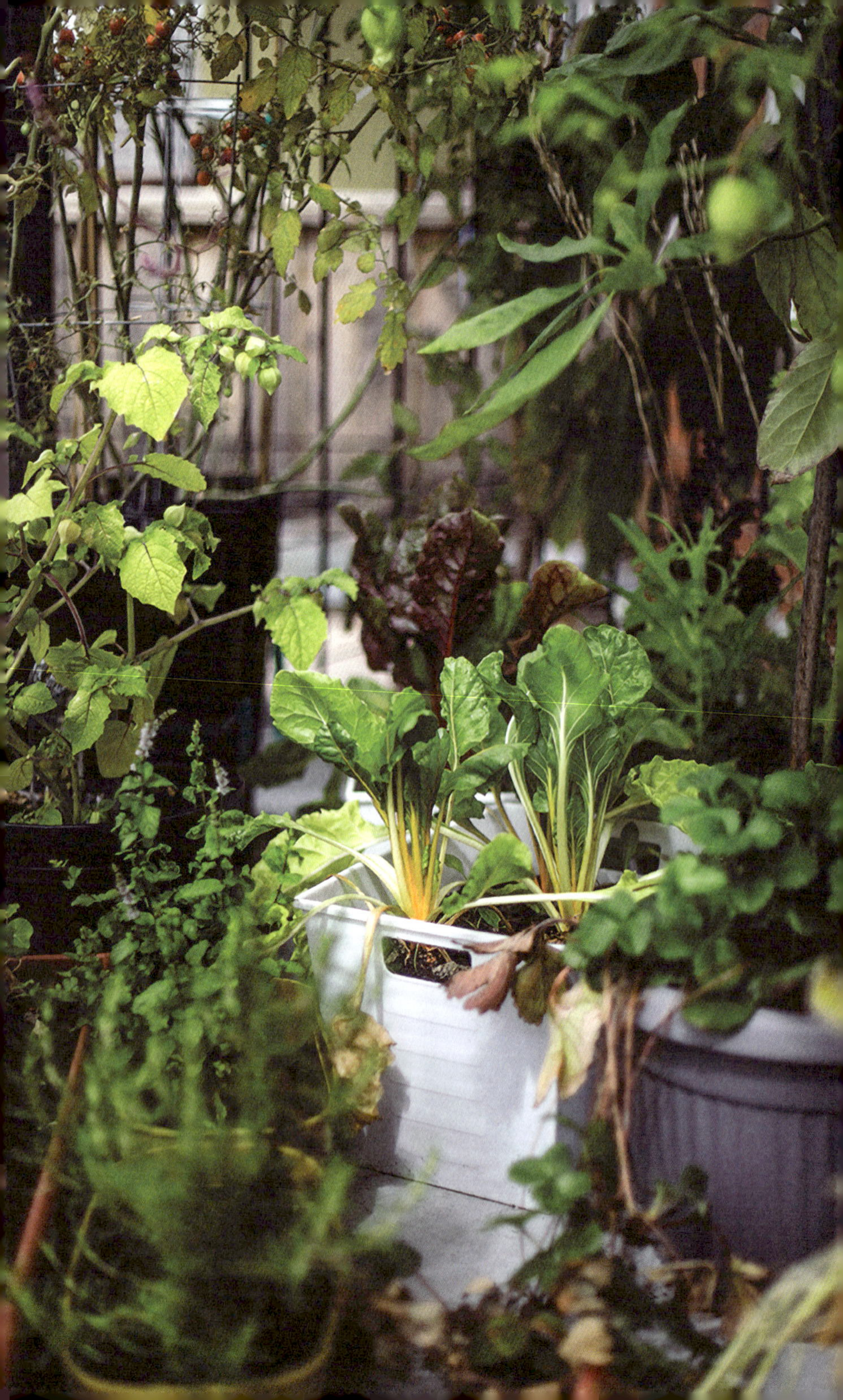

pour l'environnement, notamment car cela combat les îlots de chaleur, permet d'utiliser le compost, recycle l'eau de pluie et en améliore la biodiversité en milieu urbain. De plus, en choisissant la façon dont vous cultivez vos plantes, vous pouvez produire des fruits et des légumes biologiques et locaux.

Est-ce possible d'être autosuffisant en ville ? Je ne crois pas, et encore moins sur un balcon. Cependant, il y a moyen de produire des quantités assez intéressantes de certains végétaux pour qu'on puisse y voir un bénéfice réel. Malgré tous les bénéfices que le jardinage peut apporter, mon premier conseil est le suivant : faites-le pour le plaisir. C'est la seule façon d'être assidu aux diverses tâches nécessaires à la réussite de votre potager.

Il s'écrit une tonne de livres sur la culture de plantes potagères. Je n'ai donc pas la prétention de pouvoir répondre à toutes vos interrogations dans cette section. Toutefois, je désire vous présenter quelques bases afin de commencer un potager, même avec un espace restreint. Nous allons donc passer au travers des cinq éléments essentiels d'un potager : le soleil, l'eau, la terre, les contenants et les plantes.

Le soleil

On ne s'en sort pas, les plantes ont besoin de soleil pour vivre. Une grande majorité de plantes potagères ont d'ailleurs besoin d'un grand ensoleillement et de beaucoup de chaleur pour pousser de façon satisfaisante. En règle générale, on recommande un minimum de six heures d'ensoleillement par jour. Les plantes qui produisent des fruits, comme les concombres, les tomates, les aubergines ou les poivrons, sont celles qui ont besoin de plus de luminosité. (D'un point de vue botanique, un fruit est ce qui contient ses semences.) Un balcon du côté sud ou ouest est le plus approprié pour ces plantes.

Si vous avez entre quatre et six heures de soleil par jour à l'endroit le plus ensoleillé, ne désespérez pas. Les légumes feuillus, comme la bette à carde, la laitue, les épinards et plusieurs fines herbes, sont capables de s'en sortir avec un peu moins d'ensoleillement.

L'eau

L'eau peut devenir un réel problème en jardinage urbain. Puisque les plantes se trouvent dans des pots et non en pleine terre, elles s'assèchent beaucoup plus rapidement, surtout lors des canicules. Je me souviens de journées chaudes de juillet où j'arrosais mes plantes en matinée pour revenir quelques heures plus tard et les retrouver totalement flétries, sur le point de rendre l'âme.

Le meilleur moment pour arroser votre potager est le matin. Les végétaux aiment avoir les racines humides pour affronter la chaleur du jour. Cela étant dit, si vous oubliez de les arroser un matin et que, le soir venu, la terre est sèche et que les plantes semblent faibles, n'hésitez pas à les abreuver. Arrosez la terre, c'est par les racines que les plantes boivent, pas par les feuilles.

La terre

Un des avantages de cultiver en pot est qu'on peut choisir la terre dans laquelle nos végétaux vont pousser. Le plus simple et le moins coûteux est de faire un mélange de terre à jardin et de compost dans des proportions de 3 pour 1. Honnêtement, je mesure rarement de façon exacte la quantité de compost que je mélange à la terre, mais l'important est de ne pas trop en mettre, car cela alourdit le terreau.

Le mieux est de pouvoir utiliser le compost végétal que vous produisez vous-même. Si ce n'est pas possible, sachez que plusieurs municipalités qui ont instauré un système de récupération des déchets organiques offrent le compost issu de cette collecte ou le vendent à petit prix.

Dans l'éventualité où ces deux options ne s'appliquent pas à vous, vous retrouverez plusieurs sortes d'engrais et d'ajouts aux terreaux dans les centres jardiniers. Privilégiez les composts biologiques.

Engrais rapide

Le marc de café, les feuilles de thé ou l'herbe coupée peuvent être ajoutés sur le dessus du terreau pour les laisser se décomposer tranquillement et libérer des éléments nutritifs. Cela favorise la biodiversité des micro-organismes dans le terreau.

Les contenants

Sur le marché, vous pouvez trouver des contenants de toutes les tailles, de toutes les couleurs et de tous les matériaux, avec ou sans réserve d'eau et pouvant s'accrocher ou non. Si chacun des contenants a ses avantages et ses défauts, je suis plutôt de l'école de «tout ce qui peut contenir de la terre peut servir pour faire pousser une plante».

Chaque printemps, je ramasse des contenants que mes voisins jettent et je les utilise pour y faire pousser mes fruits et légumes. Je n'ai souvent qu'à percer des trous dans le fond pour assurer un drainage suffisant de l'eau et je me retrouve avec des contenants gratuits et recyclés. Pourquoi dépenser pour quelque chose qui se trouve aussi facilement gratuitement ? Mon balcon est le royaume du contenant disparate et je l'aime comme ça !

Cela étant dit, j'ai acheté dernièrement des pots avec une réserve d'eau et j'y vois un grand avantage pour mon balcon le plus ensoleillé. Comme l'eau s'accumule dans le fond d'un réservoir, je peux espacer légèrement les arrosages sans que les plantes s'assèchent. Attention de ne pas trop arroser ! Vous trouverez dans les ressources un lien pour fabriquer vous-même un bac à réserve d'eau.

Finalement, je ne saurais trop vous conseiller de voir grand pour vos contenants. Je remarque une différence incroyable quand je donne un espace plus que suffisant aux plantes pour qu'elles étirent leurs racines à leur guise. Les récoltes sont bien plus abondantes.

Les plantes

Bien choisir les plantes est une étape importante. Une fois que vous connaissez toutes les contraintes/possibilités de votre balcon — ensoleillement, espace, contenants, chaleur — vous pouvez choisir des plantes qui s'adaptent bien à cet environnement.

Je vous conseille fortement de vous tourner vers des plants biologiques. Non seulement leur culture a un impact moins important sur l'environnement, mais comme ils ont été cultivés sans l'aide de pesticides et d'engrais de synthèse, ils n'en auront pas besoin une fois chez vous. Plusieurs végétaux peuvent également être semés directement en terre.

À la page suivante, je vous présente des conseils selon les grandes familles de plantes qui se prêtent bien à la culture en pot. Dans chacune de ces familles, on trouve différentes espèces et des centaines de variétés. Il y en a pour tous les goûts.

S'il y a un autre avantage à cultiver des fruits et des légumes, c'est de choisir des espèces qui se trouvent plus difficilement au Québec ou qui coûtent les yeux de la tête. C'est une merveilleuse façon de découvrir de nouvelles espèces et de les intégrer à notre alimentation. Plusieurs pépinières sortent des sentiers battus pour offrir ce genre de petits bijoux. Que je pense au tomatillo, au kiwano, à l'épinard de Malabar, à la tomate «zebra» ou au gadellier, il s'agit de plantes comestibles qui valent le détour et qui changent des cultures classiques.

Finalement, si vous avez envie de vous procurer des plantes gratuitement, je vous suggère le site Plant Catching (plantcatching.com/fr), où des agriculteurs urbains offrent ce qu'ils ont en trop. Vous n'avez qu'à inscrire votre ville et toutes les offres apparaissent.

Familles	Espèces		
Baies et petits fruits	Fraise, framboise, groseille, gadelle, mûre, bleuet	☀	G
Choux (brassicacées)	Chou pommé, brocoli, chou-fleur, choux de Bruxelles, chou frisé (kale)	◐	M
Cucurbitacées	Concombre, cornichon, melon, courge*	☀	G
Fines herbes	Ciboulette, thym, romarin, menthe, basilic, coriandre, persil, origan	◐	P
Légumes feuillus	Laitue, épinard, bette à carde	◐	P
Légumineuses	Haricot, pois	◐	M
Solanacées	Tomate, aubergine, poivron, piment, cerise de terre	☀	G

Légende :

☀	◐	G	M	P
beaucoup de soleil	ensoleillement moyen	pot de plus de 60 litres	pot de plus de 40 litres	pot de plus de 6 litres

* Les melons et les courges demandent énormément d'espace. J'ai eu de meilleurs résultats avec les concombres.

Voir plus grand en agriculture urbaine

Faire pousser des champignons, faire germer des graines, installer des fines herbes sur le bord de la fenêtre ou préparer un potager sur notre balcon sont plusieurs façons de pratiquer l'agriculture, même en milieu urbain.

Cette pratique a gagné en popularité depuis de nombreuses années au Québec comme ailleurs dans le monde. Certaines municipalités possèdent des jardins communautaires et collectifs. Les citoyens peuvent louer des parcelles et les cultiver pendant la saison. Certains décident plutôt de transformer leur cour arrière ou même l'avant de leur maison pour y faire pousser d'abondantes récoltes. Une belle façon d'agrandir son terrain de jeu.

En plus des plantes, plusieurs autres pratiques deviennent de plus en plus populaires.

Installer un poulailler chez soi permet d'avoir des œufs frais à longueur d'année. En plus, les poules peuvent se nourrir des déchets végétaux et produisent de l'engrais riche en azote.

Envie de produire votre propre miel? Des agriculteurs urbains ont décidé d'élever des abeilles et de produire du miel, en ville et en banlieue. La pratique s'est répandue à tel point que des entreprises spécialisées dans l'installation de ruches et l'éducation en apiculture à domicile ont vu le jour.

L'aquaponie est une technique agricole très en vogue. Le principe est simple : on installe un grand aquarium ou un bassin dans lequel on met des poissons comestibles comme le tilapia ou la truite. À l'aide de pompes, cette eau est envoyée sur une seconde surface où poussent des plantes comestibles en système hydroponique. Les déchets des poissons servent d'engrais naturel aux plantes qui filtrent l'eau en retour. Ce système fermé renvoie l'eau filtrée aux poissons. Lorsque les poissons ont atteint la taille idéale, ils peuvent être consommés. En plus de diminuer la quantité de déchets produits et la quantité d'eau utilisée, ce type de système produit des quantités assez impressionnantes de nourriture.

Le lapin et la chèvre sont deux autres espèces animales qui se trouvent dans la mire des agriculteurs urbains en raison de leur petite taille. Le premier est élevé pour sa chair alors qu'on consomme le lait de la seconde.

Bref, reprendre le contrôle de la production alimentaire, même à petite échelle, est un phénomène qui prend de l'ampleur. Non seulement ces différentes pratiques permettent de nourrir, mais elles aident à reprendre le contact qu'on a perdu avec l'origine des aliments.

PRODUIRE SA NOURRITURE

Planter des fruits et des légumes du patrimoine

Si vous pouviez retourner dans le temps et fouiller dans le potager de votre arrière-grand-père, je suis prêt à parier que vous ne pourriez pas reconnaître une grande partie des fruits et des légumes qui y étaient cultivés. De grosses tomates zébrées, des haricots marbrés mauve et vert, des espèces d'épinards triangulaires... Les potagers d'antan possédaient une variété de plantes assez impressionnante.

Les fruits et les légumes du patrimoine sont des plantes qui étaient cultivées avant l'industrialisation du système agroalimentaire. On les aimait pour leur résistance aux insectes et au climat, leurs couleurs, l'abondance des récoltes et leur goût exceptionnel. D'année en année, les agriculteurs conservaient les semences de plantes les plus performantes selon les critères qu'ils se fixaient. Ainsi, au fil du temps, sur des centaines d'années, ces aliments se sont perfectionnés grâce au travail d'agriculteurs et de jardiniers amateurs. Le Québec peut d'ailleurs se vanter d'avoir été le producteur d'un des melons les plus savoureux et les plus populaires pendant de nombreuses années : le melon de Montréal, qui était cultivé directement sur les terres fertiles de l'île.

Cependant, avec l'industrialisation du système agroalimentaire, les caractéristiques nécessaires ne correspondaient plus à celles qu'offraient ces plantes. Par exemple, pour qu'un aliment se retrouve dans un supermarché, il faut que le produit puisse être facilement entreposé et transporté. Ainsi, les fermes ont cessé de les cultiver et se sont plutôt mises à la culture de plantes qui correspondaient mieux aux critères nécessaires de

199

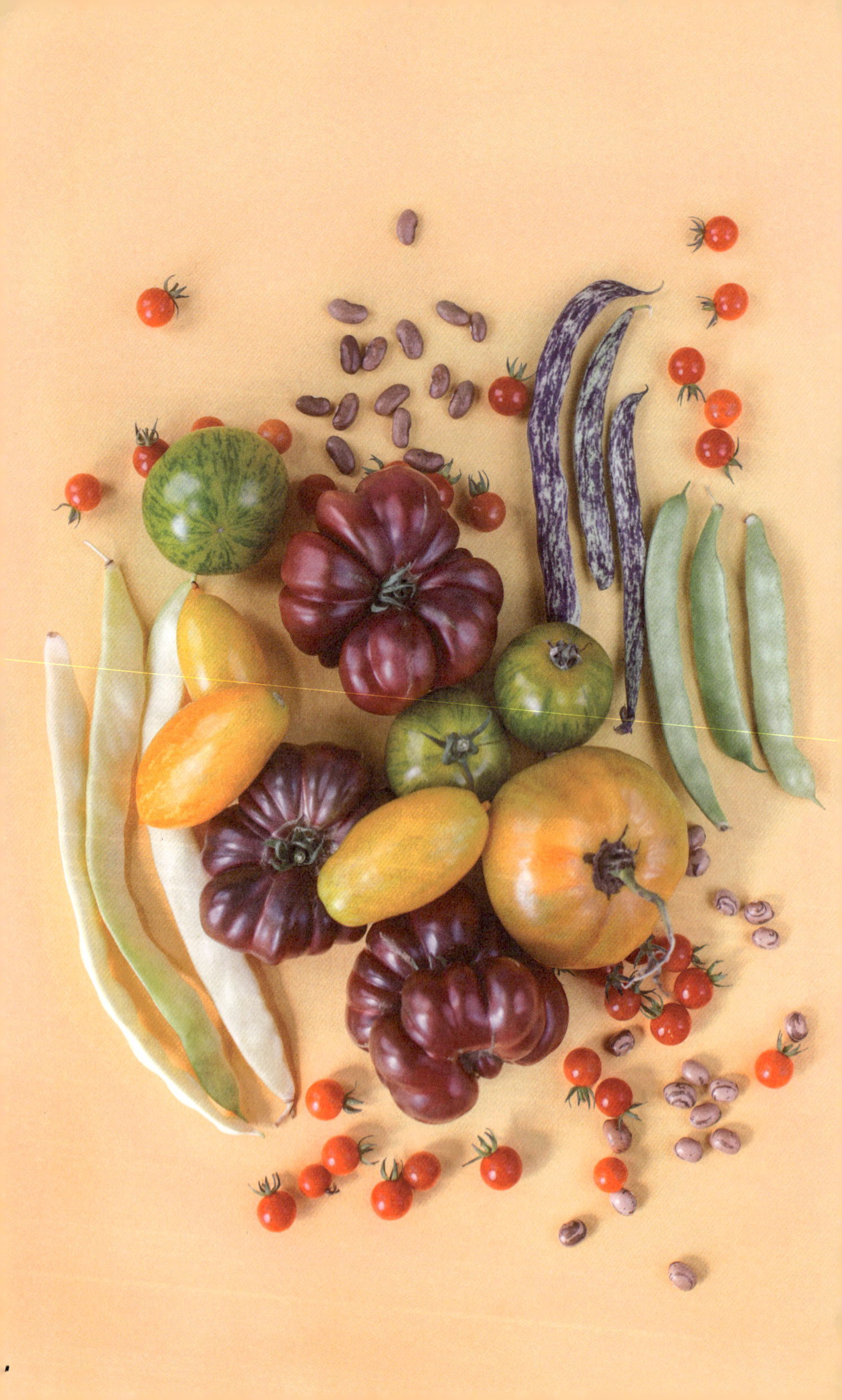

ce nouveau système, au détriment d'autres caractéristiques telles que le goût.

Les fruits et légumes du patrimoine vivent un regain de popularité depuis quelques années, surtout de la part des agriculteurs amateurs qui désirent redécouvrir ces variétés perdues. En plantant ces végétaux, vous participez à la biodiversité alimentaire et à la sauvegarde du patrimoine génétique. Plusieurs de ces plantes poussent facilement et produisent des fruits et des légumes particulièrement beaux et savoureux. Ceux et celles avec qui vous partagerez vos récoltes seront certainement surpris par leur apparence et leurs saveurs inusitées !

> L'organisme sans but lucratif Semences du patrimoine possède une banque de semences de près de 4000 variétés de fleurs, d'herbes et de légumes du patrimoine. Il met en contact les agriculteurs amateurs et professionnels de ces végétaux afin que les semences se propagent à travers le Canada. Si vous êtes intrigué, n'hésitez pas à aller visiter son site Web ! (pollinisationcanada.ca)

Planter des fleurs comestibles

Les fleurs sont souvent considérées comme les pièces centrales des jardins en raison de leurs couleurs éclatantes, au détriment des plantes potagères souvent plus discrètes. Quand j'ai commencé à cultiver des fruits et des légumes sur mon balcon, je ne voulais plus laisser un centimètre d'espace aux fleurs que je considérais comme inutiles, afin de maximiser mes récoltes. Or, et je l'ai vite compris, planter des fleurs est très avantageux pour les jardiniers urbains et pour l'environnement.

Avec leurs couleurs vives et les odeurs qu'elles dégagent, les fleurs attirent les insectes pollinisateurs, comme les papillons et les abeilles. La production de plusieurs aliments repose sur le travail de ces insectes. Vous augmentez vos chances d'obtenir une récolte abondante en attirant ces travailleurs ailés.

Pour joindre l'utile à l'agréable, j'aime planter des fleurs comestibles. La capucine, la bourrache, la lavande, la pensée et le tournesol sont des fleurs faciles à faire pousser en sol ou en pot, pourvu que vous leur fournissiez l'espace nécessaire.

La capucine reste une de mes plantes préférées, car elle est résistante et très productive, et peut se contenter d'un petit pot. Les fleurs et les feuilles se mangent fraîches. Elles ont un goût poivré qui rehausse facilement les salades. Les boutons de capucine, qui sont les graines vertes non matures, peuvent se mariner et se mangent comme des câpres.

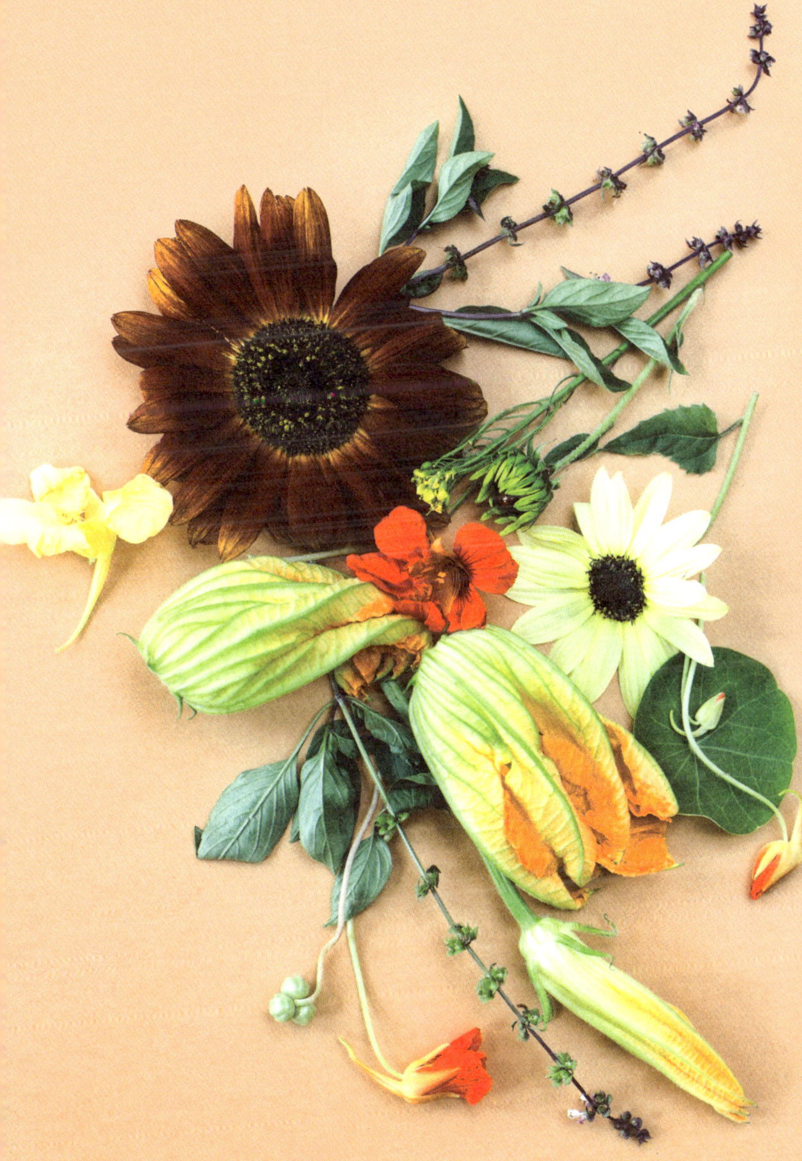

Élever des insectes comestibles

Il y a fort à parier que les insectes feront partie des menus du futur. D'un point de vue environnemental, il s'agit probablement de l'une des sources de protéines les moins polluantes. Pour produire un kilo d'insectes, il faut deux kilos de nourriture (qui peut être composée de déchets alimentaires), alors qu'un bœuf requiert huit kilos de nourriture (cultivée) pour augmenter sa masse de un kilo. Comparativement aux porcs, les insectes produisent de 10 à 100 fois moins de gaz à effet de serre par kilo selon l'espèce et demandent beaucoup moins d'eau.

Les insectes font partie des aliments à haute densité nutritionnelle. Selon l'espèce et leur stade de vie, ils fournissent des protéines de haute qualité (comme la viande), des acides gras essentiels (comme le poisson), des fibres (comme les végétaux) ainsi que divers vitamines et minéraux. Pas étonnant alors que près de 2 milliards de personnes sur la Terre incluent les insectes à leur menu.

Bon, ça a l'air merveilleux tout ça, mais il y a quand même deux problèmes assez importants qui limitent la consommation d'insectes en Amérique du Nord.

On trouve répugnant de manger des insectes. Depuis que nous sommes tout petits, nos parents nous disent de nous éloigner des insectes parce que c'est «sale», «ça transporte des maladies», c'est «dangereux». Quand on trouve des insectes dans nos armoires, le réflexe est plutôt d'appeler un exterminateur, pas de chercher une recette sur le site de Ricardo! Bien qu'il s'agisse d'une barrière psychologique assez importante, je suis sûr qu'avec de la sensibilisation auprès de la population et en industrialisant la pratique, les insectes feront partie de notre alimentation. Après tout, les insectes présentent un risque moins élevé de transmission de maladies, comparativement aux autres animaux d'élevage (comme la maladie de la vache folle ou la grippe aviaire).

Même si on est prêt à tenter l'expérience, trouver des insectes comestibles à un prix abordable est pratiquement impossible. On trouve quelques sites qui vendent des insectes «prêt-à-manger», mais leur prix exorbitant élimine la possibilité qu'ils fassent partie intégrante de notre alimentation. Donc, la solution pour pallier ce problème est assez simple : il faut élever des insectes nous-mêmes.

Honnêtement, de tous les animaux que vous pouvez élever à la maison, les insectes sont sans aucun doute les plus faciles. C'est du moins les conclusions que je tire de mon expérience avec les ténébrions.

Le ténébrion Meunier : le choix des débutants

Le ténébrion (ou ver de farine) est un insecte qui apprécie particulièrement les grains céréaliers. C'est le candidat par excellence pour entreprendre l'élevage d'insectes à la maison. Il est silencieux, facile d'entretien et son élevage ne dégage pas d'odeur. J'ai suivi la technique proposée par l'insectarium de Montréal avec succès et c'est pour cette raison que je la partage.

Ce dont vous aurez besoin

Trois contenants de plastique avec couvercle

Une centaine de ténébrions (ils se trouvent facilement en animalerie)

Un substrat nutritif composé de grains céréaliers

Substrat nutritif pour ténébrions meuniers

RECETTE

Ingrédients

10 parties de graines d'avoine ou de blé

10 parties de flocons d'avoine ou de farine de blé entier

1 partie de germes de blé ou de lait en poudre

1 partie de levure alimentaire

Méthode

1. Percer des trous dans les couvercles pour favoriser l'aération. Pour éviter que les insectes s'échappent ou que d'autres entrent, placer une moustiquaire ou du «coton à fromage» au-dessus du couvercle. Vous pouvez le faire tenir à l'aide d'un élastique. Placer les contenants dans un endroit aéré, sec et sombre, mais pas complètement coupé de la lumière. Ils sont par terre, dans le coin d'une pièce sombre chez moi.

2. Préparer le substrat nutritif. Recouvrir le fond d'un contenant d'environ 2,5 cm.

3. Placer les vers dans le contenant avec le substrat nutritif. Leur donner des déchets de fruits et de légumes pour supplémenter leur alimentation et leur fournir une source d'eau. Privilégier la pomme, la carotte, le chou, la laitue ou la pomme de terre. Si possible, utiliser des légumes bio. (Eh oui! Les insecticides ne sont pas très bons pour vos insectes!) Lorsque les végétaux commencent à pourrir ou à sécher, les remplacer.

4. Après quelque temps, les nymphes vont commencer à apparaître. Il s'agit de la seconde phase du cycle de vie des ténébrions. Retirer les nymphes et les déposer dans un second contenant pour qu'elles ne se fassent pas dévorer par les vers. Il n'est pas nécessaire de mettre de nourriture, car les nymphes ne mangent pas.

5. Lorsque les adultes émergent des nymphes, les retirer et les déposer dans un troisième contenant avec le même substrat nutritif et des morceaux de fruits et de légumes. Les adultes vont commencer à pondre assez rapidement. Lorsque des vers apparaissent dans le substrat du contenant des « adultes », essayer de filtrer à l'aide d'une passoire fine. Déposer les vers dans le premier contenant.

6. Vous pouvez récolter les vers pour les consommer dès la seconde génération. Ne mangez pas les vers achetés en animalerie. Puisque les vers se transforment en nymphes lorsqu'ils atteignent 3 cm, en récolter une partie avant.

7. Évidemment, selon l'espace que vous déciderez d'accorder à vos vers, vous pourrez en faire une partie plus ou moins importante de votre alimentation. Dans mon cas, avec trois contenants d'un litre, je n'ai obtenu que suffisamment de vers pour étonner mes amis lors d'un souper. Sur certains forums spécialisés en entomophagie, des utilisateurs qui ont affiné leur technique avec le temps parlent de rendement de près de 5 kg par année. Bref, pour le moment, je recommande cette expérience pour le plaisir (regarder les vers et les tunnels qu'ils creusent est fascinant) et pour susciter une conversation sur l'importance de mesurer l'impact environnemental des sources de protéines qu'on consomme.

TECHNIQUE **Cuisiner les vers**

Lorsque votre première récolte est arrivée à maturité, il est temps de préparer les vers pour les manger. Je ne savais absolument pas comment rendre ces bestioles appétissantes. Je me suis donc tourné vers Marie-Loup Tremblay, fondatrice d'uKa Protéine, qui cuisine déjà avec les insectes.

D'abord, vous devez retirer tous les vers que vous comptez manger et les conserver dans un contenant qui ne contient aucune nourriture. Cela permet de vider leur tube digestif. Après sept à dix jours, mettez le contenant dans le congélateur pendant au moins deux jours. Les vers vont geler et mourir. Ils sont alors prêts à être cuisinés. Comme tout aliment, nettoyez-les sous l'eau potable.

Deux options s'offrent alors à vous. Les insectes peuvent s'intégrer dans une panoplie de plats où on utilise habituellement de la viande. Vous pourriez en mettre une poignée dans une quiche, un sauté asiatique ou une sauce à spaghetti, par exemple. Vous n'avez qu'à mettre les vers et à les cuire.

Sinon, vous pouvez décider de les manger tels quels, de les assaisonner ou de les intégrer dans un mélange de noix. Étalez les vers congelés sur une plaque à biscuits et enfournez-les à 100 °C (200 °F) pendant environ une heure, jusqu'à ce qu'ils soient déshydratés. Assurez-vous qu'ils soient bien déshydratés. Vous pouvez ensuite les assaisonner avec un mélange d'épices de votre choix (pourquoi ne pas essayer le mélange sucré-salé présenté en page 174 ?) ou les intégrer dans un mélange de noix et de fruits séchés. Bon appétit !

Manger « sauvage »

Nous ne sommes plus des chasseurs-cueilleurs. Si vous me mettiez au beau milieu de la forêt sans nourriture, je serais probablement mort en trois jours. Sans être dans une situation aussi dramatique, il y a encore moyen, qu'on habite en ville ou en campagne, de se nourrir avec ce qui se trouve dans notre environnement immédiat.

Consommer ces aliments «sauvages» est une bonne façon de diminuer notre impact environnemental. Après tout, existe-t-il une production plus efficace et respectueuse de l'environnement que celle de la nature elle-même ?

Dans cette section, je ne vous propose pas nécessairement des trucs quotidiens. Certains trouveront même ces trucs plutôt «extrêmes». Mon but n'est pas de vous encourager à délaisser totalement la société pour vous nourrir dans la nature, mais plutôt de vous sensibiliser aux aliments sauvages qui nous entourent et vous faire voir que la nature offre encore, tout près de nous, des moyens de se nourrir.

Et qui sait? Si une attaque de zombies survenait cette nuit, ces quelques pages pourraient bien vous donner une longueur d'avance dans la course à la survie!

Manger des mauvaises herbes

Vous êtes-vous déjà demandé ce qui différenciait une plante «cultivable» d'une mauvaise herbe? Pourquoi discrimine-t-on ainsi le pissenlit de la marguerite ou de la laitue? En fait, plusieurs plantes que nous ne trouvons collectivement pas belles — tellement subjectif! — ou qui semblent inutiles sont classées comme des mauvaises herbes.

Pourtant, plusieurs d'entre elles sont comestibles et étaient même consommées jadis. Une des raisons pour lesquelles nous détestons autant les mauvaises herbes, c'est qu'elles sont capables de pousser n'importe où et sont très résistantes. On utilise alors souvent des herbicides pour en venir à bout. Imaginez l'impact sur l'environnement si tout le monde commençait à manger les mauvaises herbes au lieu de les combattre sans cesse! Bon, il y a peu de chances que ça arrive, mais cela étant dit, la prochaine fois que vous nettoierez votre potager, au lieu de tirer sur les mauvaises herbes, pourquoi n'essaieriez-vous pas d'en faire un repas?

Attentions, si vous décidez de tenter l'expérience, suivez au moins ces conseils:

— Si vous n'êtes pas certains de reconnaître la plante, ne la consommez pas et demandez plutôt conseil à quelqu'un qui s'y connaît.
— Si vous êtes certains de reconnaître la plante, prenez une bouchée puis attendez 24 heures pour vous assurer qu'il n'y a aucun problème.
— Cueillez les plantes dans un endroit sécuritaire ou éloigné de l'activité humaine. Vous ne voulez pas que des produits toxiques aient été pulvérisés sur votre future salade.
— Nettoyez bien les plantes avant de les consommer. Personne n'a envie d'ingurgiter du pipi d'écureuil!

Les illustrations suivantes présentent quatre mauvaises herbes comestibles qui se trouvent facilement en ville ou à la campagne.

Chou gras
(Chenopodium album)

Le chou gras est une plante de la même famille que les épinards. Ses feuilles les remplacent d'ailleurs à merveille dans n'importe quelle recette, crues ou cuites.

Pourpier potager
(Portulaca oleracea)

Le pourpier est une autre mauvaise herbe connue des jardiniers qui fait pourtant partie de la culture alimentaire de plusieurs pays. Ses feuilles épaisses se mangent crues, en salade et s'utilisent bien comme condiment original sur des pièces de viande ou des tranches de légumes.

Pissenlit
(Taraxacum officinale)

Les jeunes feuilles du printemps sont tendres et moins amères. À cueillir avant la floraison. Elles peuvent se manger dans des sandwichs ou dans une salade. Les fleurs peuvent se cuisiner en confiture, en gelée ou servir à la fabrication de vin.

Grande ortie
(Urtica dioica)

L'ortie a mauvaise réputation à cause de l'effet urticant que ses feuilles ont sur la peau. Il faut donc la cueillir avec des gants. Cependant, quand on la cuit, elle perd son effet urticant. On doit consommer les jeunes feuilles avant la floraison de la plante. Elle se mange en potage.

Chasser les espèces exotiques envahissantes

Une espèce exotique est un organisme (plante, animal, champignon, bactérie) qui a été introduit par l'homme dans un environnement autre que son environnement naturel présent ou passé. L'espèce est considérée comme envahissante lorsque cette introduction nuit à l'environnement et à la biodiversité déjà présente. En fait, l'organisme est souvent trop compétitif pour les espèces déjà présentes, ce qui les met en péril.

Chaque écosystème repose sur un ensemble d'interactions entre les divers organismes présents. L'introduction d'une nouvelle espèce qui n'était pas présente peut nuire à l'ensemble des espèces et déséquilibrer l'écosystème qui a mis des milliers d'années à s'installer. Un écosystème qui a déjà été fragilisé par d'autres facteurs, comme la pollution, est encore plus sensible aux espèces exotiques envahissantes.

Après la perte d'habitat, dont l'agriculture est responsable en grande partie, les espèces exotiques envahissantes représentent la menace la plus importante pour la biodiversité. Au Québec, plusieurs espèces exotiques sont considérées comme envahissantes : le crabe vert, la petite crevette d'eau douce, la moule zébrée, l'agrile du frêne, le carassin, le gobie à taches noires, la tortue à oreille rouge et le chat domestique en sont quelques exemples.

À cause du réchauffement climatique, d'autres espèces exotiques envahissantes risquent de venir s'installer. La carpe asiatique et le sanglier sont deux exemples d'espèces exotiques envahissantes qui causent des dommages importants à plusieurs écosystèmes chez nos voisins du sud.

Les espèces exotiques envahissantes dans votre assiette

Si je vous parle de cette problématique, c'est bien sûr parce qu'une des solutions avancées pour combattre ces espèces envahissantes est d'introduire un nouveau prédateur dans la chaîne alimentaire : l'homme !

Le crabe vert

Des chercheurs de l'Université de l'Île-du-Prince-Édouard étudient le crabe vert, une espèce exotique envahissante qui détruit plusieurs écosystèmes aquatiques canadiens, afin d'être capables de trouver des indices fiables pour déterminer à quel moment ces crustacés muent. En effet, lorsque le crabe mue, sa carapace devient molle pendant une courte période de temps, ce qui le rend plus facile à manger. Le crabe vert à la carapace molle est cuisiné en Italie, où on peut notamment le frire. Lorsque les chercheurs auront déterminé avec succès les indices à surveiller, cela permettra aux pêcheurs de crabes de développer le commerce de l'espèce.

Le sanglier

La grande majorité des États américains sont aux prises avec une invasion de sangliers européens. Ces cochons sauvages se reproduisent rapidement et sont omnivores. Ainsi, n'importe quelle source alimentaire ou presque est considérée comme intéressante pour eux. Puisqu'ils aiment creuser le sol, notamment pour trouver de la nourriture, ces animaux peuvent détruire de grandes surfaces d'écosystèmes forestiers. Parmi les solutions avancées pour régler le cas à cet envahisseur, on trouve la chasse. Le ministère des Forêts, de la Faune et des Parcs considère le sanglier comme une espèce exotique envahissante « aux portes du Québec ». Qui sait, peut-être trouvera-t-on la viande de cet animal sauvage dans les restaurants huppés de la province d'ici quelques années !

La tanche

La tanche est un poisson d'origine européenne et asiatique qui peut peser jusqu'à quatre kilos à l'âge adulte. Elle a été introduite au Canada par des importations illégales d'Allemagne. Des poissons se seraient enfuis d'étangs lors d'inondations. Elle représente un enjeu particulièrement important dans la rivière Richelieu, mais elle se trouve maintenant également dans le fleuve Saint-Laurent. Comme elle se reproduit très rapidement et s'adapte facilement à des environnements hostiles, elle nuit grandement aux espèces déjà présentes. Si la tanche ne fait pas partie de notre culture alimentaire, il en est autrement pour d'autres régions du monde où elle est présente depuis longtemps. Encore une fois, notre estomac pourrait servir d'outil dans la guerre aux espèces exotiques envahissantes.

Cueillir les fruits des arbres laissés à l'abandon

En ville ou ailleurs, vous avez certainement déjà aperçu des arbres fruitiers laissés à l'abandon. Pommes, poires, prunes, cerises... Inévitablement, le même scénario se répète : les fruits mûrissent, se font manger par les oiseaux ou finissent par tomber par terre, pourrir et attirer les guêpes.

À Montréal, des milliers d'arbres fruitiers subissent le même sort. Pourtant, ces fruits « biologiques » pourraient faire le bonheur de bien des gens. L'organisme Les fruits défendus a décidé que ce gaspillage alimentaire devait cesser. À l'aide d'une équipe de bénévoles, ils arpentent les rues de la ville à la recherche d'arbres fruitiers laissés à eux-mêmes et proposent aux propriétaires de s'occuper de la récolte. Cette dernière est ensuite partagée en trois : un tiers revient au propriétaire, un tiers aux bénévoles et un tiers à un organisme sans but lucratif qui favorise la sécurité alimentaire.

Même sans être bénévole pour l'organisme, rien ne vous empêche d'aller frapper à la porte des propriétaires lorsque vous voyez des branches ployer sous le poids des fruits mûrs. Une échelle, un panier et un peu d'agilité sont souvent suffisants pour aller dépouiller même les plus grands arbres. On ne fait pas mieux comme fruits locaux et frais !

Conclusion

Presque 30 ans après avoir coécrit son article sur l'alimentation durable et après une carrière dans le domaine, la nutritionniste Kate Clancy a finalement été invitée à conseiller le comité consultatif qui travaille sur les prochaines directives alimentaires américaines prévues en 2015. Il s'agit d'une première pour le pays qui, jusqu'à présent, n'a intégré dans les directives alimentaires que des recommandations basées sur la nutrition. Peut-être se rendent-ils enfin compte que se soucier de l'environnement est indispensable pour la santé à long terme de la population.

CONCLUSION

Pourtant, tous ne semblent pas du même avis. Par exemple, l'American Meat Institute et le North American Meat Association, qui représentent, comme vous devez vous en douter, l'industrie de la viande. Dans une lettre rédigée à l'intention du comité consultatif, ces organisations lui demandent de ne pas sortir du cadre de son expertise (la nutrition) en essayant d'inclure des recommandations alimentaires « durables ». Peut-être voient-elles d'un mauvais œil les possibles recommandations relatives à la viande qui émaneraient du comité si ses membres décidaient de prendre en compte l'impact environnemental de cette source de protéines. Lobby, quand tu nous tiens!

Et de ce côté-ci de la frontière, le prochain Guide alimentaire canadien sera-t-il durable? Je pense que cette évolution est inévitable, mais il est difficile de savoir quand elle aura lieu. J'ai toutefois l'impression que les consommateurs sentent de plus en plus que les choses doivent changer. Après tout, si vous lisez ce livre, c'est probablement que vous cherchez, comme moi, des façons plus durables de vous alimenter. Pourquoi devrions-nous attendre des recommandations officielles avant de changer notre comportement?

219

LES 10 CONSEILS DU NUTRITIONNISTE URBAIN POUR UNE ALIMENTATION DURABLE

Si ce livre apporte de nombreuses pistes de solutions, j'avais toutefois envie de vous le résumer plus simplement en 10 règles simples pour une alimentation durable.

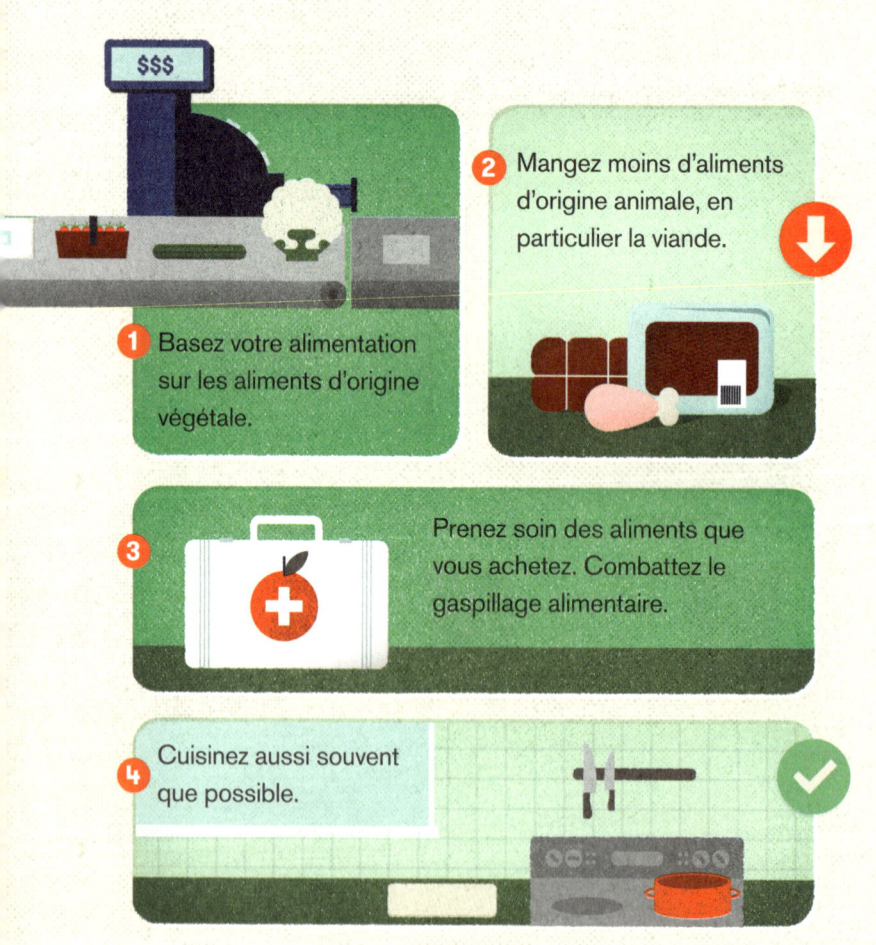

1 Basez votre alimentation sur les aliments d'origine végétale.

2 Mangez moins d'aliments d'origine animale, en particulier la viande.

3 Prenez soin des aliments que vous achetez. Combattez le gaspillage alimentaire.

4 Cuisinez aussi souvent que possible.

5 Évitez les aliments transformés et privilégiez ceux avec le moins d'emballage.

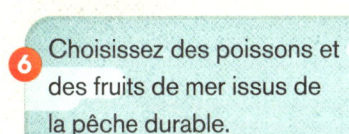

6 Choisissez des poissons et des fruits de mer issus de la pêche durable.

7 En saison, achetez des aliments locaux.

8 Privilégiez les aliments biologiques.

9 Diminuez vos déchets. Réutilisez, recyclez et compostez.

10 Plantez un bord de fenêtre, un balcon, un potager.

Remerciements

Ce livre ne serait pas le même sans l'apport précieux de nombreuses (et merveilleuses !) personnes qui m'entourent.

Merci à « l'autre moitié du Nutritionniste urbain », Simon L'Archevêque, d'être dans ma vie depuis huit ans et d'avoir réussi à développer mon œil artistique pendant tout ce temps. Tu as su transformer cette collection d'informations en un bel objet agréable à lire et à regarder.

Merci à Katya Konioukhova pour les photos qui enrichissent cet ouvrage. Tu as un talent qui mérite d'être reconnu !

Merci à Julie Aubé de m'avoir nourri (littéralement !) pendant la rédaction et de m'avoir fait comprendre que j'avais besoin d'aide pour créer des recettes !

Merci aux personnes qui ont commenté le manuscrit : Amélie Baillargeon, Catherine Lefebvre, Christina Blais et Élise Desaulniers. Vos commentaires m'ont fait crier des « Ahhh ! » et des « Ben oui ! », et ont poussé ma réflexion beaucoup plus loin.

Merci à Gigi Huynh sans qui « Le nutritionniste urbain » n'existerait même pas. Ton amitié et tes conseils sont très précieux pour moi.

Merci à tous mes collègues de la grande famille d'Extenso pour vos conseils et vos encouragements, et pour tous ces dîners passés à réinventer la nutrition.

Merci à tous ceux qui suivent la page Facebook et le blogue, qui partagent leurs commentaires et qui argumentent. Mon travail serait inutile sans vous!

Merci à mes amis et à ma famille, en particulier mes parents, qui sont une source inépuisable d'encouragements et de bonheur dans ma vie.

Merci à mon éditeur, Éric Fourlanty, et à toute l'équipe des Éditions La Presse de m'avoir fait confiance et d'avoir réagi aussi rapidement quand je leur ai proposé mon manuscrit.

Finalement, merci à vous de tenir ce livre dans vos mains! Plus nous serons à allier la santé humaine à la santé de la planète, plus les chances seront élevées de léguer un monde meilleur aux générations futures.

Ressources

Si vous êtes comme moi, plus vous apprenez, plus vous avez envie d'apprendre. Je vous propose ici quelques ressources que j'aime consulter. Si les sujets abordés dans le livre vous ont plu, ces références vous permettront de pousser la réflexion plus loin. Certaines d'entre elles sont également des sources inestimables de recettes.

Même si je considère qu'il s'agit de références crédibles, cela ne signifie pas qu'on peut laisser tomber notre sens critique quand vient le temps de les consulter. Contre-vérifier et remettre en question sont des aptitudes très utiles que je vous encourage à toujours utiliser, peu importe la référence !

Livres

Desaulniers, Élise, *Je mange avec ma tête: Les conséquences de nos choix alimentaires*, Stanké, 2011

Desaulniers, Élise, *Vache à lait: Dix mythes de l'industrie laitière*, Stanké, 2013

Lefebvre, Catherine, *Les Carnivores infidèles*, Les éditions Cardinal, 2011

Nestle, Marion, *What to Eat*, North Point Press, 2006

Nestle, Marion, *Food Politics: How the Food Industry Influences Nutrition and Health, Revised and expanded edition*, University of California Press, 2007

Pollan, Michael, *The Botany of Desire: A Plant's-Eye View of the World*, Random House, 2001

Pollan, Michael, *The Omnivore's Dilemma: A Natural History of Four Meals*, The Penguin Press, 2006

Pollan, Michael, *In Defense of Food: An Eater's Manifesto*, The Penguin Press, 2008

Pollan, Michael, *Food rules: An Eater's Manual*, The Penguin Press, 2009

Singer, Peter et Jim Mason, *The Ethics of What We Eat: Why our Food Choices Matter*, Rodale, 2006

Waridel, Laure, *L'Envers de l'assiette. Et quelques idées pour la remettre à l'endroit*, Les éditions Écosociété, 2010

Magazines

Caribou – cariboumag.com
Lucky Peach – luckypeach.com
Modern Farmer – modernfarmer.com

Blogues et sites

Agriculture urbaine MTL – agriculturemontreal.com
Association des marchés publics du Québec – ampq.ca
Brutalimentation – brutalimentation.ca
Équiterre – equiterre.org
Extenso – extenso.org
Food Politics – foodpolitics.com
Fooducate – blog.fooducate.com
Fourchette bleue – exploramer.qc.ca/fourchette-bleue
Greenpeace – greenpeace.org/canada/fr
Julie Aubé – julieaube.com
Potagers d'antan – potagersdantan.wordpress.com
Sauve ta bouffe – sauvetabouffe.org
Sauvons les citrouilles etc.
    – facebook.com/sauvonslescitrouilles
Seafood Watch – seafoodwatch.org
Semences du patrimoine – pollinisationcanada.ca
Tu vas pas jeter ça? – tuvaspasjeterca.com
Vert et fruité – vertetfruite.com
Weighty Matters – weightymatters.ca

Bernard Lavallée est l'auteur
du blogue *Le nutritionniste urbain*
nutritionnisteurbain.ca
facebook.com/nutritionnisteurbain

Toutes les références qui ont été consultées pendant la rédaction de ce livre pouvont être retrouvées directement sur le blogue de l'auteur :
nutritionnisteurbain.ca/references